Eduard Wagner 2017

Vorwort

Man kann es sehen, wie man will: Sind das Memoiren oder ist es nur ein Ablauf von Ereignissen in meinem Leben. Dazu möchte ich anmerken, dass ich zu dem Zeitpunkt, wo ich das erlebt hatte, in der Meinung war, dass dies richtig sei. Ratschläge, ob das nun richtig sei oder nicht, hatte ich von Verwandten oder Freunden kaum. War aber immer auch eine Frage, ob ich diese auch berücksichtigt hätte. Es kommt natürlich im Laufe der folgenden Seiten immer wieder zu Stellen, wo ich am Rande der Legalität bin. Da diese aber schon einige Zeit zurück liegen und ich persönlich zu dem stehe, was ich damals getan oder auch nicht getan habe, sehe ich auch keine Probleme, wenn aus diesen Folgen entstehen. Ob dies nun ein erfülltes oder glückliches Leben sei, obliegt nicht mir, sondern dem Leser, werde am Ende aber ein Resümee darüber ziehen.

Familie 1970

Dezember 1959 Elternhaus

Ende 1959 erblickte ich in Wien, war zwar dabei, kann mich aber kaum daran erinnern, das Licht der Welt. Kam als Zweitgeborener, mein Bruder war damals schon 6 Jahre alt in einer donauschwäbischen Familie zur Welt. Zu Erklärung meiner Abstammung: Meine Eltern wurden Ende des 2.Weltkrieges aus dem heutigen Serbien von Partisanen mit Waffengewalt und unter Bedrohung ihres Lebens vertrieben. Da sie zu der Gruppe der Volksdeutschen (Donauschwaben) zählten, war auch ihre Muttersprache Deutsch, was heißen soll, dass sie auch Serbokroatisch sprechen konnten. Ihre Vorfahren wurden zurzeit von Prinz Eugen im damaligen Jugoslawien angesiedelt, um dort die Infrastruktur zu stärken, was ihnen auch gelang. In den Wirren des 2.Welkrieges wurden sie dann sowohl von Norden als auch von Süden her von Partisanen mit der Androhung ihres Lebens vertrieben. Sie hatten es bis zu diesem Zeitpunkt zu Wohlstand und Ansehen gebracht, wo es auch keinerlei Anfeindungen zwischen dort lebenden Jugoslawen und der deutschsprachigen Bevölkerung gab. Empfangen wurden meine Eltern und deren Familie im Jahr 1944 mit den Worten: Was machts ihr da? Warum könnt ihr so gut Deutsch? Schleichts euch heim. War halt damals der Empfang von „Ausländern". Kann man sich heute nicht mehr vorstellen. Gut zurück zu mir. Hatte eine unbeschwerliche Kindheit, zumindest bis zu meinem 10 Lebensjahr. Mein Vater ging seinem Gewerbe, dass er schon in Serbien erlernt hatte, nach und meine Mutter war, wie es damals noch so üblich gewesen ist, eine Hausfrau. Soweit es die Mittel meiner Eltern zuließen, bekam ich alles, was möglich war von Spielzeug über Fahrräder und dergleichen. Im Sommer bin ich dann jedes Jahr mit meinem Bruder und mit meiner Mutter auf Sommerfrische zwei bis drei Wochen ins südliche Niederösterreich in eine Pension gefahren. Mein Vater, da er unter der Woche aus finanziellen Gründen arbeiten musste, kam dann am Freitag mit dem Moped zu uns und blieb bis Sonntag. Anzumerken ist, dass mein Vater erst 1972 seinen Autoführerschein machte. Zu diesem Zeitpunkt lernte ich auch eine Familie kennen, die in der Nähe der Pension wohnten. In dieser gab es zwei Töchter, die eine war fünf

Jahre jünger und die andere ein Jahr älter. Heißt die Ältere hat mich schon mit Windeln kennengelernt.

September 1966 Schule

Beginn meiner Schullaufbahn. In der Volksschule kam ich in eine reine Bubenklasse. Als Lehrerin stellte sich eine Absolventin der damaligen Pädag vor. Sie war etwa 25 Jahre alt und eine schöne Frau, soweit ich das in diesem Alter beurteilen konnte. Kann mich dabei noch an eine Anekdote erinnern, die mich damals ziemlich geschockt hatte. Am Anfang meiner Schulzeit kam ich zu meiner Mutter und erzählte ihr folgendes: Du, Mutti, die Lehrerin hat sich ihre Finger ganz knallrot angestrichen. Wie kann man so etwas nur machen? Der Hintergrund war der, dass sich Lehrerin Ulrike nur die Fingernägel angestrichen hatte, was für mich zu diesem Zeitpunkt noch nicht alltäglich war. Ich glaube meine Mutter hat sich damals zur Seite gedreht und musste wahrscheinlich schmunzeln, erklärte mir dann, was das auf sich hat. Nun gut, die Volksschule absolvierte ich mit ganz passablen Noten außer Malen und Zeichnen.

Ich hatte aber auch Respekt vor der „Frau Lehrer", die Vergehen mit „in der Ecke stehen" ahndete. Der Schulweg, damals noch alles zu Fuß, war immer wieder Herausforderung, denn da waren immer wieder ein, zwei oder drei Schulkollegen dabei mit denen man am Gehsteig herum rangeln konnte.

<u>September 1970 Gymnasium</u>

Nachdem ich in diesem Alter immer wieder vom Traumberuf „Arzt" träumte und mein Volksschulzeugnis entsprechend war, meldeten mich meine Eltern im Nachbarbezirk im Gymnasium an. Mein Vater hatte im Jahr 1969 seinen Gewerbeschein für die Reparatur von Sodawasserflaschen zurückgegeben, da es zum einem nicht mehr einträglich war und er in weiterer Folge sich einer neuen Arbeit zuwandte, nämlich den Verkauf von Tageszeitungen. Das heißt er verkaufte die größte Zeitung unseres Landes als Kolporteur am Abend bis etwa 23 Uhr auf einen Standplatz. Da dies halbwegs einträglich war, begann auch meine Mutter damit Zeitungen zu verkaufen. Damit konnten sie sich im Laufe der Jahre einiges an Geld ersparen, unser beider, sprich mein Bruder und ich, Wohlergehen kam da nicht zu kurz. Nun gut, jetzt war ich also in der ersten Klasse des humanistischen Gymnasiums. Montags war immer hinter einander Mathematik und Englisch. Gut das ging ja eine Weile halbwegs, aber nach einiger Zeit wurde ich krank und meine Eltern schrieben mir eine Bestätigung, dass ich krank wäre. Da mir aber dieses Papier vom Lehrpersonal nicht abgenommen, behielt ich es mir. Nun wurde mir der Montag mit Englisch und Mathematik immer mehr zuwider, sodass mir die Idee kam, mal den einen oder anderen Montag „blau" zu machen und nicht in die Schule zu gehen. Die Bestätigung, dass ich krank wäre, produzierte ich dann selbst mit der Unterschrift meine Eltern. Da es meistens die gleichen Krankheiten waren und die Unterschrift auch nicht mehr die Beste war, kam es wie es kommen musste. Auf einmal bekamen meine Eltern eine Vorladung, dass sie in die Schule kommen mögen. Sie wurden natürlich auf meine fehlenden Tage und den daraus resultierenden Noten angesprochen und sie waren dementsprechend verwundert bzw. enttäuscht von mir. Die Folge daraus war, dass ich von der Schule zu einem „Katzer" (4 Stunden alleine Strafe schreiben in der Schule) verdonnert wurde. Meines Wissens nach gibt es die Bestrafung dieser Art heute nicht mehr. Schluss endlich ging das Schuljahr mit zwei Fünfern zu Ende. Heißt somit musste ich die 1.Klasse, wie es damals noch vorgeschrieben war, wiederholen.

September 1971 Internat

Nach diesem mir einschneidenden Ereignis, trat der Familienrat in Form meiner Eltern und meines siebzehn jährigen Bruder zusammen. Voraus zu schicken wäre, dass mein Vater während seiner Schulzeit in Serbien in einem deutschsprachigen Internat einige Jahre war. Somit wurde beraten, in welche Schule ich weiter gehen sollte. Da ich mit 11 Jahren natürlich noch keine Ahnung oder nur begrenzt hatte, was da auf mich zukommt, musste ich die Entscheidung des Familienrates akzeptieren. Da ich aber von Geburt an evangelisch getauft wurde, wurde auch meine Anmeldung bei katholischen Internaten, wie z.B. Schulbrüder in

Strebersdorf, nicht angenommen. Diese Entscheidung hieß, dass ich in den 13.Bezirk in ein Internat, wo auch ein humanistisches Gymnasium angeschlossen war, kam. Mit dieser Entscheidung seitens der Eltern haderte ich sehr lange, denn ich war dort mehr oder minder eingesperrt und das von Sonntag abends bis Samstag mittags. Wenn ich unter Woche mal was „verbrochen" hatte, so gab es den Ausgang am Wochenende natürlich auch nicht. Das traf aber zum Glück im 13.Bezirk nur selten zu. Eines war in diesem Haus interessant, denn der Leiter dieser Institution war der Enkel von Adalbert Stifter (er hieß genauso). Dieser Direktor war ein begeisterter Pfeifenraucher, wo der Qualm im ganzen Gebäude zu riechen war und nachsteigender Intensität, wussten wir, dass Gefahr in Verzug war. Ich verbrachte 3 Jahre am Himmelhof, so wurde das dortige Internat benannt. Danach übersiedelte ich ins gleichnamige Internat im 2.Bezirk mit dem gleichen Erzieher Franz. Dort waren aber die Usancen die Gleichen wie im 13.Bezirk. Heißt, wenn es unter der Woche Verfehlungen meinerseits gab, durfte ich unfreiwillig auch das Wochenende mit Strafe schreiben im Internat verbringen. Da die Aufsicht dort nicht sehr groß war und ich natürlich auch älter geworden bin, kam es des Öfteren zu Wochenenden im Internat. Damals machte ich auch im Alter von 13 Jahren die Bekanntschaft mit Zigaretten, was mir dann ebenfalls Zwangsaufenthalte im Heim bescherte. Diese Freundschaft mit dem Nikotin ist mir bis heute erhalten geblieben. Das Ganze ging bis zur 4.Klasse halbwegs gut und dann bekamen wir in Biologie eine Kärntner Lehrerin, die gerade ihr Studium abgeschlossen hatte. Sie war für uns Schüler im Alter von 14 – 15 natürlich eine Herausforderung in Bezug auf Pubertät, denn sie war eine hübsche Frau mit entsprechender Figur. Somit ließ ich mich zu einer Äußerung während des Unterrichts hinreißen, die mir die schlechteste Betragensnote einbrachte. Zusätzlich sammelte ich in diversen Gegenständen auch die schlechtesten Benotungen, sodass ich die 4.Klasse wiederholen musste. Dieses hatte geglückt und somit musste ich, da dies im Haus nicht mehr unterrichtet wurde, in den

Nachbarbezirk in die 5.Klasse des humanistischen Gymnasiums gehen. Da ich noch immer den Wunsch hatte, Arzt zu werden, mutete ich mir Altgriechisch zu, da mir die Sprache Latein auch sehr gefiel. Interessant war damals, dass ich zum ersten Mal in einer gemischten Klasse landete, waren aber nur 6 Mädchen und der der Rest Burschen. Im ersten Semester hatte ich noch etwas Eifer, was das Lernen betraf, da mir aber das Altgriechisch überhaupt nicht zu sagte, sahen auch die Noten entsprechend aus. Nur bei diesem Gegenstand allein blieb es nicht und somit hätte ich die Klasse wiederholen müssen, nur das ging damals nicht mehr. Somit beschlossen meine Eltern, da ich inzwischen 17 Jahre alt war, dass ich eine Lehre beginne. Mit etwa 16 Jahren, damals noch im Internat, wurde ich von Ernst, der ein Sohn einer Freundin meiner Mutter war, angesprochen, ob ich vielleicht nicht jeden Freitag abends, Volkstanzen gehen möchte. Das war natürlich ein schwieriges Unterfangen im Internat, da so ein Ausgang von dort nicht unbedingt die Regel war. Schluss endlich wurde mir erlaubt, dass ich am Freitag von 18 bis 22 Uhr Ausgang bekam. Das Volkstanzen fand im Heim der Donauschwaben im 3.Bezirk statt. Als ich das erste Mal dort hinkam, fand ich etwa 30 junge Männer und Frauen vor, wobei ich einer der Jüngsten war. Als Leiter stellte sich mir ein gebürtiger Donauschwabe vor, der mit uns die Volkstänze einstudierte. Da ich aber ein ausgesprochenes Antitalent war, was Tanzen betraf, hatte dieser Mann auch seine Schwierigkeiten mir Das beizubringen. Kann mich noch an eine Episode erinnern, dass der Leiter meinen Oberschenkel in die Hand nahm, da ich den Ablauf eines Wechselschritts nicht kapierte. Daran hat sich wahrscheinlich bis heute nichts geändert. Wir studierten an diesen Abenden Volkstänze mit 8 bis 10 Paaren ein, die wir dann in der Ballsaison im Jänner und Feber darboten. Nun entwickelten sich im Laufe der Zeit eine Gruppe von Gleichaltrigen heraus, die zweimal die Woche Bowling im Wiener Prater gingen. Heißt einmal in der Woche Training und am Freitag Meisterschaft. Da wir einen Sponsor hatten, ein Schifffahrtsunternehmen, kam uns das daher nicht allzu teuer. Etwa im Jahr 1982 fuhren dann 7 Männer und Frauen mit diesem Unternehmen auf einem 10-Mann-Segelschiff im Sommer von Split nach Dubrovnik. Jeden Tag in dieser Woche steuerten wir eine Insel an, machten Pause und fuhren dann weiter. Es war ein wunderschönes Erlebnis

August 1972 Wochenendhaus

Nachdem der Berufswechsel meines Vaters im Jahr 1969 erfolgreich verlief, was Ersparnisse betrifft, konnten sie sich einiges an Geld ersparen. Nun gingen meine Eltern auf die Suche nach einem kleinen Wochenendhaus in Niederösterreich. Fündig wurden sie dabei im südlichen Wiener Becken in einer Stadtgemeinde mit etwa 10.000 Einwohnern. Der erste Anblick erschien meinen Eltern als Schnäppchen, aber was danach kam, konnten sie sich nicht vorstellen. Für mich als 12-jähriger war es natürlich eine Freude, denn auf dem Grundstück gab es jede Menge Obstbäume als auch Sträucher, die ich nach Absägen verbrennen durfte, damit man das Gebäude aus dem Jahr 1930 auch sehen konnte. Kann mich erinnern, dass das Verbrennen den Nachbaren nach einiger Zeit etwas störte, damals war dies noch erlaubt. Aber ja, wir waren „Wiener", die da nach Niederösterreich kamen, um sich auszubreiten. Gut die Bäume und Gebüsche waren eliminiert und man konnten das Haus sehen. Es hatte den Nachteil, dass es schon Jahre lang nicht benützt wurde und war daher in einem desolaten Zustand mit einem Stock und einer Mansarde. Als ich nun alles verbrannt hatte, nahm ich mein Fahrrad und erkundete die Gegend mit den dazu gehörigen Bergen und musste dabei immer wieder bei einer Arbeitersiedlung vorbeifahren. Eines Tages sprach mich ein Bursche, der sich gerade dort aufhielt an, ob ich nicht einmal vom Rad heruntersteigen könne und mich zu ihm setzen möge. Ich tat, so wie er gewünscht hatte und setzte mich zu ihm. Daraufhin kamen noch weitere Burschen hinzu und es entwickelte sich ein interessantes Gespräch. Aus diesem Treffen entwickelten sich dann mindestens eine zehn Jahre lange Freundschaft und wir unternahmen jedes Wochenende etwas anderes. Nur im Laufe der Jahre kamen die Partner dazu, ein jeder von diesen Freunden zog wo anders in Niederösterreich hin und die Freundschaften lösten sich auf.

Haus nach Renovierung

Jahr 1972 erster Kuss

Da meine Eltern im Sommer immer wieder Urlaube machen wollten, fragten sie bei der evangelischen Gemeinde in Wien, die ganze Familie hatte den gleichen Glauben. Daraus entstanden dann Urlaube mit der ganzen Familie in der Steiermark. Dort waren wir nicht die einzige Familie, sondern es gab etwa 50 Personen. Wir machten jeden Tag mit allen Ausflügen und Wanderungen, die immer schön waren. Eines Tages, wir sind etwas früher von einem Ausflug zurückgekommen, sprach mich Angela an, sie war circa ein Jahr jünger als ich. Sie meinte, sie hätte am Dachboden des Hauses, wo wir wohnten, ein Hornissennest entdeckt und sie hätte Angst dies wieder allein anzusehen, ob ich nicht mitkommen möge. Nun gut, warum nicht, kann ja nichts passieren. Als wir dann vor diesem Nest standen, drehte sie sich auf einmal um und drückte mir einen Kuss auf die Lippen. Ich war entsetzt, das durfte doch nur meine Mutter machen und sonst niemand anderer. Ich behielt es aber trotzdem für mich.

Winter 1975 Verkauf

Da mein Bruder sich zusätzlich zu seinem Gehalt als Bankangestellter etwas dazu verdienen wollte, fuhr er in 10.Bezirk von einem zum anderen Lokal und verkaufte dort die größte Tageszeitung. Da wir aber nun bis etwa zu seinem 20 Lebensjahr ein Herz und eine Seele waren, meinte er ich könne auch Zeitungen verkaufen und mir das Taschengeld aufbessern. Dazu stand ich im 10.Bezirk in einer Fußgängerzone mit einer gelben Jacke und pries meine Zeitungen an. Die circa 10 bis 15 Zeitungen rechneten wir dann am Abend ab. War nicht sehr ertragreich, aber, wie gesagt mein Taschengeld wurde aufgebessert.

September 1977 Lehre

Mein Vater kannte den Personalchef eines damals renommierten und großen Lebensmittelgroßhändler und Lebensmittelerzeugers im 16.Bezirk und damit begann ich eine Lehre als Bürokaufmanns. Als erstes kam ich in die Großhandelsbuchhaltung. Vor gefunden habe ich dort vier Männer im Alter von 50 Jahren und mehr. Abteilungsleiter dazu war ein Prokurist. Da ich aber erst kurz vorher aus dem Internat gekommen bin, genoss ich meine wieder erlangte Freiheit. Dies äußerte sich darin, dass ich es mit der Nachtruhe in meiner Freizeit nicht so genau hielt. Heißt, nachdem ich nun einen Freund in Wien mit Namen Ernst hatte, gingen wir fast täglich am Abend fort. Nach Haus gehen ist dann natürlich spät ausgefallen. Somit war am darauffolgenden Tag meine Arbeitsleistung entsprechend. Der Prokurist, zu dem ich mit

Rücken saß, klopfte dann immer wieder mit dem Kugelschreiber auf den Tisch, damit ich weiterarbeite. Im Laufe der Zeit wurde mir aber die Arbeit, in ganzen Tag nur 100 bis 200 Lieferscheine zu addieren, zu fad und so beschloss ich meinen Chef darauf anzusprechen, ob ich im Konzern nicht in eine andere Abteilung versetzt werden könnte. Meinem Wunsch wurde entsprochen und ich wurde in die Tee-Abteilung versetzt. Dort traf ich auf einen jungen Disponenten und dessen Chef ein Prokurist. Hier erlernte ich zwar nicht allzu viel, was den Bürokaufmann betrifft, aber der für mich alte Prokurist lehrte mir vieles über Tee. So musste ich jeden morgen früh die Teeverkostung anrichten, die ein ganz spezielles Ritual durchlief: So begann ich mit dem Aufstellen von mindesten 10 Schalen heißem Wasser und dann durfte nur exakt 2 Gramm an Tee beigemischt werden. Danach ging der Herr durch und nahm einen Schluck von jeder Schale behielt diesen im Mund und ließ ihm über seine Geschmacksnerven laufen. Mit diesem Handling konnte er feststellen, welche Qualität dieser Tee hatte und dann wurde die entsprechende Menge bestellt. Im Laufe meiner Tätigkeit in dieser Abteilung kam auch eine automatische Anlage zur Produktion von Teebeutel, die mich sehr faszinierte, denn auf der einen Seite stand der gelieferte Tee in großen Kisten und am Ende kamen die fertigen 20 – 25 Teebeutel verpackt heraus. Da aber das begrenzt war, was ich dabei lernen konnte, wollte ich wieder in eine neue Abteilung und somit kam ich dann, mit etwa 18 Jahren in die Frischwarenabteilung. Von dort aus wurden die Obst- und Gemüselieferung für die 250 Filialen täglich vorbereitet. Dazu musste natürlich auch jeden Tag die Bestellungen telefonisch von den einzelnen Geschäften aufgenommen werden. Da ich nun schon das Alter erreicht hatte, wo ich laut Jugendschutzgesetz Überstunden machen durfte, meldete ich mich zu Sonntagsdiensten, die entsprechend honoriert wurden. Meine Kollegen waren so ziemlich in meinem Alter, sodass sich bald entsprechende Freundschaften bildeten. Also gingen wir ab und zu nach vollendetem Sonntagsdienst etwas trinken, bis dann einer mal meinte, er hätte etwas dabei, was man aber nur in geschlossenen Räumen konsumieren könne. Naiv, wie ich damals war, gingen wir in eine Wohnung und setzten uns mangels Sitzplätze auf den Boden. Auf einmal zog der besagte Kollege eine Zigarette aus seiner Tasche zündete sie an und gab sie weiter. Nichts ahnend zog ich, wie auch die Anderen von dieser vermeintlichen Zigarette an. Als dann diese ausgeraucht war, wurde ich aufgeklärt, dass dies ein Joint war. Gut mein Resümee daraus war, meine Leichtgläubigkeit und vor allem, ich hatte dabei nichts gespürt, somit hatte sich die Sache für mich erledigt und ich habe nie wieder so etwas angerührt.

September 1978 Erste Wohnung

Nachdem mein Bruder mit etwa 21 Jahren gemeint hatte, er bekäme keine Frau mehr und er schon eine eigene Wohnung hatte, bekam ich die Kleinwohnung mit etwa 35 Quadratmetern im gleichen Haus, wo auch meine Eltern in Wien wohnten. Zu dieser Zeit begann aber auch das, wo ich etwa 30 Jahre zu kämpfen hatte. Auf der einen Seite hatte ich einmalige Freunde am Wochenende in

Niederösterreich und in Wien einen Freund. Mit diesem zuletzt genannten ging ich nun unter der Woche fast jeden Tag fort und so kam es, dass wir da nicht sehr viel verschiedene Sachen unternahmen. Wir gingen dann meistens in Lokale, wo man Karten spielen konnte. Da dies aber mit der Zeit etwas fad wurde, beschlossen wir um Geld zu spielen. Aber auch das war nicht erfüllend und so sahen wir mal in Lokalen Automaten, wo man Geld einwirft und man konnte dabei gewinnen. Man nannte sie damals einarmige Banditen, die in ganz Österreich zu finden waren. Ja am Anfang gab es immer wieder kleinere oder größere Gewinne, doch im Laufe der Zeit war es natürlich ein Defizit. Vor allem hatte ich entdeckt, da es solche Apparate auch in Niederösterreich gab. Und so begann meine Sucht, sicherlich nicht gleich, aber im Laufe Zeit hatte ich eine Grenze überschritten, die mir nicht bewusst war.

Mai 1978 Farbenblindheit

Zu diesem Zeitpunkt musste ich zur Musterung beim österreichischen Bundesheer. Gesundheitlich hatte ich damals keinerlei Beanstandungen, doch dann wurde mir eine Karte mit verschiedenen Farbpunkten vorgelegt und ich sollte daraus eine Ziffer und einen Buchstaben lesen. Dies konnte ich aber nicht, auch wenn ich die Karten von den verschiedensten Blickwinkeln betrachtete. Heißt, es wurde festgestellt, dass ich farbenblind, nämlich rot-grün-blind bin. Die Kommission stelle aber fest, dass ich volltauglich wäre. Ein halbes Jahr später hatte ich mit meinem Vater den Führerschein für Motorrad und PKW machen wollen. Dazu musste ich aber ebenfalls Test über mich ergehen lasse. Unter anderem wurde mir wieder so eine Farbkarte vorgelegt, aus der ich wieder nichts erlesen konnte. Daraufhin meinte man, ich müsse weitere Untersuchungen über mich ergehen lassen unter anderem einen Reaktionstest beim jeweiligen Kuratorium und einen psychologischen Test im 3.Bezirk Dieser psychologische Test hatte etwa 20 Seiten und es war mühsam, ihn auszufüllen, da mir die Sinnhaftigkeit dessen fehlte. Mein Argument, das ich auch äußerte war, gut beim Bundesherr bin ich voll tauglich und

Führerschein darf ich keinen haben, gut dann erschieße ich halt einen, weil ich zwischen Rot und Grün nicht entscheiden kann. Nur das Rot bei der Ampel ist meines Wissens immer an der gleichen Stelle. Den Führerschein zumindest für PKW hatte ich dann Schluss endlich erhalten, den für Motorrad habe ich wieder aufgegeben, obwohl ich mit 16 und 17 Jahren 2 Moped gehabt hatte, und auch keinen Unfall damit begangen habe.

Oktober 1980 Bundesheer

Anfang Oktober leistete ich meinen Präsenzdienst beim österreichischen Bundesheer in der Kaserne Martinek (Pension?) ab. Die ersten sechs Wochen war Grundausbildung und auch anstrengend. Als dann Anfang Dezember mein Geburtstag war, hatte ich ausgerechnet Bereitschaftsdienst und das an einem Feiertag. Heißt wir, etwa 15 Personen hatten vom Wachhabenden 20 Schuss scharfe Munition für jeden ausgefolgt bekommen. Nun musste ich beim Tisch sitzen und warten, ob ein Befehl kam, etwa das Kasernengelände abzugehen. Ich weiß nicht wie, aber auf einmal stand eine 2 Liter

Flasche mit weisen Wein auf dem Tisch und meine Kameraden ließen mich zwecks meines Geburtstages hochleben. Ja, aber dummerweise war das nicht die einzige Flasche, die da von uns konsumiert wurde. Heißt bei der nächsten Kontrollrunde im Kasernengelände wurde der Weg immer schmäler und ich musste zum Schluss mein Gewehr mit 20 Schuss scharfer Munition im Schiesscharten entladen. Ich selbst hatte dies nicht mehr zustande gebracht, ein Kamerad half mir dabei. Das Ganze blieb bis auf einen Zwangsrapport mit folgender Ermahnung ungeahndet. Nach den ersten sechs Wochen, wurde ich in ein Büro des Presseoffizier befohlen. Dieser Major war zwar in der Früh zugegen, verließ aber dann das Büro und kam dann eine Stunde vor Dienstschluss wieder zurück. Meine Aufgabe war dort, dass ich in die diversesten Tageszeitungen nach Berichten über das Bundesherr suchen sollte. Das war ja nun nicht eine zeitraubende Aufgabe, sondern war ziemlich schnell abgeschlossen. Somit konnte ich, dass nachholen, was ich in der Nacht nur sehr wenig hatte, nämlich Schlaf.

Als ich im Oktober eingerückt bin, hatte ich auf meine Länge aufgeteilt 65 Kilo. In dem Gebiet der Kaserne lernte ich dann den Badener Wein kennen, denn ich zuvor noch nicht kannte. Als ich dann nach 8 Monaten abrüstete wog ich keine 65, sondern 72 Kilo, was ich bis heute noch nicht übertroffen hatte.

September 1980 Beruf

Die Lehre als Bürokaufmann hatte ich erfolgreich abgeschlossen den Präsenzdienst weniger erfolgreich, und somit dachte ich mir wie geht's weiter. Nun interessierte ich mich für Abendkurse und begann einen Bilanzbuchhalterkurs, der sich aber bald für mich als falsch erwiesen hatte. Somit fand ich, dass die Computer Zukunft haben und machte 1980 bis 1981 Programmierkurse im WIFI Wien, die jeden Abend von 18 bis 22 Uhr gingen. Diese schloss ich auch mit Prüfungen zumindest in Pascal, in Cobol bestand ich nicht, ab. Mit den Zeugnissen meinte ich bessere Chancen am Arbeitsmarkt zu haben und kündigte per Ende August 1981 meine Stelle bei dem Lebensmittelgroßhändler. Ich hatte sofort wieder eine Stelle als Bürokaufmann in einer

Firma, die Rohre und Schaltkästen herstellte, und die sich im 5.Bezirk befand. Nach etwa einem Jahr übersiedelten wir dann in den 11.Bezirk, wo auch die Fabrik dieser Firma stand. Dort hatte ich einen sympathischen älteren Diplomkaufmann, der immer wieder versucht hatte, mich zu inspirieren. Als dieser aber dann in Pension ging, kam eine Frau Diplomingenieur als Nachfolgerin. Diese hatte das Ziel, Einsparungen zu treffen und somit kam es, dass ich nach zwei Jahren und neun Monaten gekündigt wurde. Damals gab es noch die Abfertigung mit mindestens zwei Gehältern, aber erst nach drei Jahren Firmenzugehörigkeit. Somit musste ich mich nach einer neuen Stelle umsehen und informierte mich dafür in den Tageszeitungen. Da fand ich eine Stelle, wo die Vorauswahl in einem Testpsychologischem – Institut vorgenommen wurde. Ich kam also Anfang Mai 1984 in dieses Institut und es wurde mir ein Konvolut von 20 Seiten Test vorgelegt zum Ausfüllen. Nach einigen Einträgen in dieses Papier dachte ich mir, dass ich diese Blätter schon mal in der Hand hatte. Und genauso war es, Jahre zuvor hatte ich den gleichen Test für die Erlangung eines Führerscheins machen müssen und an diesem Tag für eine Stellenbewerbung. Klingt schon etwas komisch. Gut nach Auswertung meiner Angaben wurde ich zu einem Vorstellungsgespräch in den 8.Bezirk gebeten. Voraussetzung für diese Stelle war, dass es sich nur um eine Karenzvertretung auf ein Jahr handelte. Dort musste ich die Stipendiaten, die im Forschungszentrum in Niederösterreich tätig waren abrechnen und auch das Bankbuch betreuen. Da mir aber das Ganze etwas zu wenig Herausforderung war, strebte ich weitere Aufgaben an. Darunter war unter anderem die Finanz-, Budget- und Anlagenbuchhaltung. Die erlernten Computersprachen, die ich Jahre zuvor mir angeeignet hatte, kamen dabei nicht zur Anwendung, da dies vom vorhandenen „Programmierer" verhindert wurde. So lief das erste Jahr der Karenzvertretung ab und meine damalige Chefin, bei der ich inzwischen einen Stein im Brett hatte, verlängerte meinen Vertrag anstandslos. Da nun aber etwa ein Jahr nach Eintritt in dieses Unternehmen (halbstaatlich) das Büro im 8.Bezirk aufgelöst wurde, mussten wir nach Niederösterreich übersiedeln. Wir hatten die Möglichkeit den Firmenbus von Wien aus, zu nutzen. Der Arbeitsbeginn war aber dann erst um 8:30 Uhr und das war mir zu spät. Somit redete ich mich mit einer Kollegin zusammen, dass wir gemeinsam mit meinem 2.Auto in die Arbeit fuhren. Dabei beteiligte sie sich an den Fahrtkosten. Heißt, jeden Arbeitstag um 6 Uhr aus den Federn, 35 km hinausfahren und am Abend wieder 35 km retour und das bei jeder Witterung. Da ich aber diese Arbeit überhaupt in Niederösterreich schätzte, nahm ich das in Kauf. Die Zeit, die ich dort verbrachte, war nicht nur beruflich, sondern auch persönlich die erfahrungsreiche Arbeit, die ich in meinem Leben hatte, zumal ich dabei sehr viel gelernt hatte. Im Rechnungswesen, so hieß die Abteilung, wo ich arbeitete, gab es etwa 15 Frauen und nur 2 Männer, was mich am Anfang weniger tangierte. Im Laufe der Jahre freundete ich mich dann aber mit einer Kollegin, die zwei Zimmer weiter tätig war, an. Sie war circa 2 Jahre jünger und ziemlich fesch, wohnte in der Nähe der Arbeitsstelle bei ihren Eltern in einem Zweifamilienhaus. So wie es kommen musste, war es auch, aus Freundschaft wurde mehr. Die meiste Zeit hielt ich mich dann bei ihr zuhause auf, bin aber immer wieder nach Wien gefahren in meine Wohnung. Eines Tages erzählte sie mir dann, dass sie schwanger wäre von mir. Ich war damals etwa 26 Jahre alt und er sah es als meine Pflicht ihr einen Heiratsantrag zu machen, denn sie auch annahm. Wir schauten uns schon nach einer Kirche um, bzw. Standesamt und legten mehr oder minder auch schon ein Datum für die Hochzeit fest. In der Firma wurde natürlich unter vorgehaltener Hand gemunkelt, dass da etwas lief, was mir nicht unbedingt behagte. Da es aber von ihrer Seite nur bei der Aussage der Schwangerschaft blieb und ich nichts Weiteres sehen oder hören konnte im Laufe der Monate, wurde ich skeptisch, ob dies stimmen würde. Nun wurde zusätzlich dazu der „Druck" der Kollegenschaft immer größer. Ich beschloss daher mit Ende des Jahres 1987 die Stelle nach dreieinhalb Jahren zu kündigen und ihr den Vortritt in der

Firma zu lassen, da ihre Qualifikationen weniger als meine waren. Abfertigung von zwei Gehältern gab es natürlich auch nicht, da ich selbst gekündigt hatte. Die angebliche Schwangerschaft meiner damaligen Freundin kontrollierte ich dann einige Zeit später, nur sie dürfte nie schwanger gewesen sein. Um diese Stelle war mir leid, da ich sehr viel gelernt hatte, auch wenn die Gegebenheiten nicht immer die Besten waren.

Jänner 1988 angestellt bei Vater

Da mein Vater in diesem Jahr schon 58 Jahre war, entschloss ich mich, bei ihm als Bürokaufmann anzufangen, soll heißen ich war schon zu diesem Zeitpunkt mehr oder minder selbstständig, denn ein Vater kann da dem Sohn nicht allzu viel anschaffen. Da ich Buchhaltung in der Berufsschule hatte, beschlossen wir, dass wir uns die Buchhaltung selbst machen. Unser Steuerberater hatte lediglich die Aufgabe die jeweilige Steuererklärung oder Bilanz zu erstellen und dem Finanzamt zu übermitteln. Im Jahr 1989 meinte eben dieser Steuerberater, dass ein Betrag von S 0,25 in der Bilanz nur ein Mickymaus-Betrag sei und daher irrelevant. Somit kündigten wir unseren Vertrag mit ihm und ich erstellte mir die darauffolgenden Jahre die Einkommenssteuererklärungen und die daraus resultierende Bilanz selbst. Das Ganze hatte natürlich nur den Nachteil, dass ich diesbezüglich keine Erfahrung hatte. Somit erhielt ich dann im Folgejahr einen Brief vom zuständigen Finanzamt. Als ich diesen öffnete, las ich eine Vorschreibung von 1,5 Millionen Schilling an Nachzahlung. Zum Glück bin ich beim Öffnen dieses Schreiben gesessen. Ich hatte beim Ausfüllen des entsprechenden Formulars einen Fehler bei der Kommasetzung vollbracht. Nach etwa 4 bis 5 Berufungen hatte ich das wieder korrigiert. In dieser Zeit hatte ich etwa 100 Kolporteure (Kunden), die ich tagtäglich beliefern musste, die Wenigsten hatten die Zeit in unser Geschäftslokal im 20.Bezirk zu kommen. Zur Erklärung ein Kolporteur ist eine Person gewesen, die Tageszeitungen am Abend oder in der Früh mit färbigen Jacken auf Plätzen, Bahnhöfen und Straßen verkauft hatte. Für mich galten sie immer als selbstständige Kaufleute. Soll heißen, dass sie bei mir Zeitschriften, also periodisch erscheinende Druckwerke zu einem gewissen Rabatt erwarben und diese dann mit einem fix vorgesehen Endverkaufspreis veräußerten, der auf jedem Produkt vorgegeben ist. Der Nachteil dieser Branche ist, dass es ein 100-prozentiges Remissionsrecht gibt. Hat ein Kunde 10 Stück eines Magazins von mir bezogen und nur 5 davon verkauft, so hat er bei Neuerscheinung mir die restlichen 5 Stück zurückgeben können und diese wurden dann gegen verrechnet. Das Recht hatte ich natürlich auch bei meinen Lieferanten, wie Großhändler und Verlage. Das Ganze war aber natürlich mit einem enormen Zeitaufwand verbunden und vor allem mit einer genauen Kontrolle der jeweiligen Rechnungen. Somit war eine 50 bis 60 Stunden Woche keine Ausnahme, sondern eher die Regel.

September 1992 Selbstständigkeit

Mein Vater wurde in diesem Jahr inzwischen schon 62 Jahre und ich hatte sehr viele

Argumente ihm gegenüber äußern müssen, dass er nach 47 Beitragsjahren endlich seine Pension angetreten ist. Es hätte ihm finanziell nicht allzu sehr viel mehr gebracht. Somit übernahm ich diesen Zeitschriftengroßhandel mit zwei Gewerbescheinen, ging damals nicht anders. Heißt zwei Mitgliedschaften der Kammersparte und daraus resultierend zweimal Abgaben dafür. Zwei bis drei Jahre später trat dann ein Mitbewerber auf. Dieser Herr Robin erlangte von einer kleineren Tageszeitung die Möglichkeit eine eigene Kolportage auf zu bauen. Sprich, er stattete mehrere ausländische Personen mit Jacken und Tageszeitung aus und verteilte diese Menschen auf ganz Wien. Im Laufe der Zeit erfuhr ich aber, dass dieser Mann die Plätze nicht gratis an die Personen vergab, sondern von jeder einzelnen Person eine Kaution in 5 bis 6-stelligen Schillingbeträgen einforderte und das noch bevor ihm ein Platz zugeordnet wurde. Da dies meines Wissens nach nur sehr spärlich schriftlich verfasst wurde, vermutete ich schon zu diesem Zeitpunkt, dass dies irgendwann schief geht. Da dies mich nicht sehr betraf, ließ ich ihn schalten und walten. Eines Tages kam er dann auf mich zu und meinte, dass wir doch Gegengeschäfte machen können, wogegen ich nichts ein zu wenden hatte. Ich bezog von einigen Wiener Verlagen zu guten Konditionen Magazine und bei ihm war es nicht sehr viel anders. Dies ging eine Zeit lang gut, er lieferte mir, ich ihm und es wurde gegen verrechnet. Doch eines Tages, es war kein großer Betrag, den ich zu bekommen hätte, läutete das Telefon und Robin war am Apparat. Er meinte, dass ich ihm noch etwas schuldig wäre und er das einfordern wollte. Das brachte mich so in Rage, dass ich meinte ich verzichte auf meine Forderung und wolle von ihm nichts mehr hören. Ja gut, das war aber nur mein Wunsch. Er stellte immer mehr Araber, Pakistani und Inder ein und ging dann Schluss endlich zu meinen beiden Hauptlieferanten. Die Vorgeschichte dazu ist, dass ich mit Anbeginn meiner Tätigkeit im Bereich des Zeitschriftengroßhandel mit diesen beiden Lieferanten gesprochen hatte, den um 4,9 % höheren Rabatt zu bekommen. Soll heißen anstatt 28,2 % den höheren mit

33,1 % brutto. Mein Ansinnen danach blieb auch wenn ich in die Zentrale des einen Lieferanten nach Salzburg gefahren bin, unbeantwortet, erreicht hatte ich dann die Rabatterhöhung etwa 10 Jahre später. Herr Robin ging mit was auch immer zu diesen beiden Lieferanten und hatte sofort den höheren Rabatt, welche Verbindung damit spielte war mir klar aber ich werde diese hier nicht von mir geben.

Geschäftslokal 20.Bezirk mit Vater

November 1988

Ich war schon inzwischen 28 Jahre alt, meine niederösterreichischen Freunde hatten sich auf das ganze Bundesland aufgeteilt, teils aus beruflichen teils aus Gründen der Partnerschaft und somit war ich auf mich alleine gestellt. Es war wieder einmal so ein fader Samstag und dann kam mir die Idee, dass ja da 30 Kilometer weiter zwei Mädels lebten, die ich ja schon aus meinen Kindertagen, Sommerfrische mit meinem Bruder und Mutter in Niederösterreich, kannte. Also setzte ich mich in mein Auto und fuhr in diese Ortschaft mit 800 Einwohnern. Ich fand nicht nur zwei Mädchen vor, sondern 3. Die Freundin der Älteren war zu Besuch. Nach kurzer Zeit unterbreitete ich den Vorschlag, dass wir doch tanzen gehen könnte. Die Freundin meinte, sie wäre müde und müsse nach Hause zu ihrem Mann fahren. So blieben mir die Beiden übrig und nach einiger Zeit des Schminkens und Stylings, war es dann soweit. Wir fuhren mit meinem Auto etwa 60 Kilometer in den Nachbarbezirk, in der Umgebung gab es diesbezüglich sehr wenig. Gut nun saß ich da in der Disco mit zwei Mädchen, die eine fünf

Jahre jünger und nicht unbedingt hübsch und die Andere, ein Jahr älter und ziemlich „herausgeputzt". Jetzt blieb mir nichts anderes übrig, abwechselnd einmal mit der Einen und dann mit der Anderen zu tanzen und das mir, wo ich doch so ein Tanztalent war. Im Laufe des Abends, es war schon nach Mitternacht, der 13.Novenber merkte ich, als ich beim Tisch saß, dass immer wieder ein Knie an das meine stieß und dann auch blieb. Ich glaube die nächsten Tänze vollendeten die Annährung dann der Älteren und es kam, wie es kommen musste. Es war wunderschön. Dies hielt dann gut 20 Jahre.

<u>Herbst 1995</u>

Da mein Mitbewerber immer aggressiver wurde, was den Verkauf von Zeitungen und Zeitschriften betraf, er zu höheren Rabatten für seine Kolporteure griff, musste ich auch reagieren. Zum Glück hatte ich damals einige österreichische Verlage, von denen ich leben konnte, denn bei den besagten Großhändlern war zumindest zu diesem Zeitpunkt nichts zu machen. Das äußerte sich darin, dass ich meine Ware nur versteckt verkaufen konnte, denn jedes Mal, wenn ich zu meinen Kunden kam und das waren sie schon über Jahre, stand immer wieder ein Araber, der der Firma Robin zu zuordnen war, bei meinem Abnehmer und verhinderte so meinen Verkauf. So musste ich auf Umwegen meine Magazine an den Mann bringen, denn dem Abnehmer meiner Ware wären dadurch finanzielle Nachteile entstanden, wenn gesehen wurde, dass sie bei mir kaufen. Da aber der Intellekt dieser Aufsichtsorgane nicht unbedingt der Höchste war, brachte ich meine Ware immer wieder an, auch unter Schwierigkeiten. Damals konnte ich die Umsätze (etwa 600.000,-- Schilling Bilanzsumme) und die Anzahl der Magazine enorm steigern, sodass mein Hauptlieferant mit einem großen LKW zu mir in den 20.Bezirk kam, wo ich mein Geschäftslokal meines Vaters übernommen hatte, liefern. Da waren schon des Öfteren 2 Palletten Ware mit 10.000 Zeitschriften dabei. Ich hatte mich zu dieser Zeit so weit hineingesteigert, wahrscheinlich aus Konkurrenzgründen, dass die Woche von Montag bis Sonntag lief. Das hatte aber zu Recht meine Partnerin Britta, seit 1988, beanstandet und ich musste das ändern, und somit machte ich mir zumindest das Wochenende frei. Da ich aber ein kleiner Dickschädel bin und das durchziehe, was ich mir vorgenommen hatte. Somit ist es so gekommen, wie es kommen musste, Im Feber 1998, sah ich durch Zufall, dass einer der beiden Hauptlieferanten die Lieferung an die Firma Robin eingestellt hatte. Ein paar Tage später konnte ich amtlich feststellen, dass die Firma von Robin in Konkurs war. Konkurssumme waren 35 Millionen Schilling. In diesem Betrag war aber sicher nur ein kleiner Teil der Kautionen, die der Herr Robin bzw. seine Angestellten den Kolporteuren abnahmen, enthalten. Gemunkelt wurde, dass er seinen 100 bis 200 Kolporteuren etwa 15 Millionen Schilling abgenommen hatte. Auch erfuhr ich, dass dieser Mann sich nach dem Konkurs nur noch mit Bodyguards auf die Straße traute, wahrscheinlich wegen der einbehaltenen Kautionen. Auf Grund des Konkurses war man auf einmal bereit, mir den höheren Rabatt von 33,1 brutto zu geben. Ja, aber da war schon alles zu spät.

Juli 1998 Urlaub

Nachdem ich nie ein Fan war, Urlaub zu machen, kam es trotzdem zu einem 2-wöchigen Urlaub auf Kreta, der wohl bis heute der Schönste meines bisherigen Lebens war. Dazu gab es einige Erlebnisse, die mir in Erinnerung blieben: Wir meine Partnerin Britta und ich hatten uns ein Moped ausgeliehen. Blöd war nur, dass es eine Halbautomatik war. Soll heißen, wir beide saßen auf diesem Fahrzeug und ich ließ die Kupplung anscheinend zu schnell kommen und somit saß meine Partnerin auf dem Boden. Gut ja, das erste Hindernis halbwegs überstanden. Der Vermieter sagte uns noch, dass wir nur im Umkreis von 50 Kilometer fahren dürfen. Das hatten wir gehört und begannen unsere Fahrt. Da aber diese Insel den Nachteil hat, dass man im Gegensatz zu uns jeden Berg hinauffahren musste und wieder hinunter, so absolvierten wir das auch und die 50 Kilometer waren vergessen. Oben am Berg legten wir eine Pause ein und setzten uns ins Gras. Da sagte auf einmal Britta, sie hätte etwas Orangenes im daneben liegenden Hain gesehen. Kurz entschlossen kletterten wir unter dem Zaun durch und fanden eine Orange, die anscheinend bei der Ernte übersehen wurde. Wir pflückten diese natürlich gleich. Als wir diese schälten, kam uns ein unheimlich starker Duft in die Nase und vor allem der Genuss dieser Frucht war unbeschreiblich. Daraufhin fuhren weiter, denn wir wollten unbedingt auf den Nachbarberg zu einem Kloster. Nun war es aber schon Mittag und die Sonne brannte ziemlich stark herab. Die Straße war nicht asphaltiert, sondern es war eine Schotterstraße. Nichts desto trotz setzten wir unsere Fahrt fort. Auf einmal merkte ich, dass das Moped nicht mehr so reagierte, so wie ich das wollte. Wir hatten einen „Platten". Weit und breit war nichts. So mussten wir das Fahrzeug in größter Hitze bis zu einer nächsten Tankstelle schieben, die sicher 5 Kilometer weiter weg war. Dem Vermieter hatten wir nichts erzählt, was uns da passiert ist, aber für uns beide war es ein Erlebnis. Ein paar Tage später veranstaltete das Hotel, in dem wir wohnten, eine Jeep Safari. Es waren so weit ich mich noch erinnern kann mindestens 10 Jeeps vollgepackt mit Nahrungsmitteln und wir fuhren quer über die Insel von Norden nach Süden und Ost nach West, bis wir zu Elafonisi (die Malediven von Kreta), kamen. Ja Nahrungsmittel von Fleisch über Salat hatten wir ja genug mit, aber was fehlte, war das Besteck. So gingen die Frauen zum Meer, wuschen sich die Hände und bereiteten die Salate eben halt mit ihren Händen zu. Geschmeckt hat es jedenfalls. Ein Jahr später, wieder im Juli unternahmen wir einen Urlaub nach Lanzarote. Dort hat es uns nicht allzu sehr gefallen, da uns die ganze Umgebung sehr steril vorgekommen ist, wir auch nicht im Meer baden gehen konnten, Wasser war sehr kalt (Atlantik). Und wieder ein Jahr später als Juli 2000 blieben wir für ein paar Tage in der Steiermark in einer Pension, von wo wir einige Wanderungen machten. Seit diesem Zeitpunkt hatte so gut wie keine Urlaube mehr, außer 2017 in paar Tage nach Italien mit dem Bus, was natürlich anstrengender war als wie mit dem Flugzeug.

August 2000

Als wir im Juli 2000 von unserem Österreichurlaub (3 Tage – Österreichtrip) zurückkamen, erzählte mir Britta, dass sie

Unterleibschmerzen hätte und sie schon einen Termin beim Frauenarzt diesbezüglich hätte. Nach diesem Termin rief sie mich sofort an: Ich war natürlich besorgt und sie sagte: Was Erfreuliches. Was sollte das denn sein? Sie sagte, ich werde Papa. Ich fiel aus allen Wolken, aber für uns beide war selbstverständlich, dass wir für dieses Kind da sein würden. Das Thema Abtreibung wurde nie angesprochen und gut war es, zumindest zu dem Zeitpunkt, wo ich das erfuhr. Der Geburtstermin wurde mit Anfang März 2001 festgestellt. Am 24.Feber 2001, ein Samstag, weckte mich in der Früh Britta auf und meinte, dass es soweit wäre. Ich hatte, zwecks Berufes einen Kleintransporter, der schon in die Jahre gekommen war. Außerdem hat es am Vortag ziemlich geschneit. Wir fuhren also etwa 50 Kilometer ins Spital ohne Heizung im Auto, denn die funktionierte nicht. Im Spital angekommen, stellte man fest, dass es noch eine Weile dauern wird. So gingen wir halt in der Anlage im Schnee spazieren. Am Abend verließ ich sie dann mit der Bitte, dass ich informiert werde egal zu welcher Tageszeit, ob er nun kommt. Anruf kam keiner, also fuhr ich am Fasching Sonntag um 8 Uhr ins Spital. Als ich die Tür zu ihrem Zimmer öffnete, empfing sie mich mit dem Wort: Überraschung! Einen Augenblick später ging wieder die Tür auf und eine Krankenschwester brachte mir meinen Sohn. Was mir ewig in Erinnerung bleiben wird, war der Moment, als ich ihn das erste Mal in meinen Händen hielt. Unbeschreiblich.

Mein Sohn mit 10 Monaten

<u>1990 – 1991 Wohnung</u>

Bis zu diesem Zeitpunkt war ich in der kleinen Wohnung wohnhaft, die ich schon mit 18

Jahren hatte. Da aber die Hausverwaltung und der Eigentümer des Mietshauses eine Generalsanierung des Hauses anstrebte, musste ich einen Stock tiefer in eine etwas größere Wohnung übersiedeln. Meine Wohnung wurde mit der Nachbarwohnung zusammengelegt mit dem Versprechen, dass ich dann wieder nach Abschluss der Arbeiten in die etwa 70 Quadratmeter große Wohnung ziehen könne. Dies wurde auch so eingehalten und im Jahr 1991 zog ich in diese Wohnung ein. Da aber meine Sucht im Laufe der Jahre immer ärger wurde, was mir zu diesem Zeitpunkt nicht bewusst war, kam ich mit den Mietzahlungen in Verzug. Somit kam es, wie es kommen musste zu einer Räumungsklage. Britta und ich suchten daraufhin eine Wohnung. Sie wurde dabei fündig in einem Inserat einer Zeitung. Eine Maisonette im 2.Bezirk mit etwa 10.000 Schilling Miete. Ich gab dabei zu bedenken, dass ich mir das nicht leisten könne, was aber nicht unbedingt angenommen wurde. Daher gab ich ohne Räumungsklage die Wohnung im 20.Bezirk zurück und zog in den 2.Bezirk. Da sich aber meine Spielleidenschaft nicht gebessert, sondern im Gegenteil verschlechtert hatte, stand ich bald wieder vor dem gleichen Resultat wie im 20.Bezirk. Daraufhin suchte ich mir selbst im 20.Bezirk eine Garcionerre, die ich mir vielleicht leisten konnte.

1980 – Sucht

Es hatte alles klein angefangen, ein paar Schilling einen Automaten geworfen und vielleicht einmal etwas gewonnen, dass aber wieder gleich in diesen Kübel reingeworfen, denn der große Gewinn kommt ja. Mir wurde erst nach circa 15 Jahren bewusst, dass ich spielsüchtig war. Meine Partnerin Britta sprach mir zu, mich einer Therapie zu unterziehen, aber dazu musste ich auch zugeben, dass ich dieser Sucht verfallen war. Somit suchte ich eine Hilfe bei den Anonymen Spielern. Da gab es Gruppentherapien einmal in der Woche und Einzeltherapien nach Vereinbarung. Die Einzeltherapie verursachte bei mir einen Nervenzusammenbruch, da ich so etwas nie vorher erlebt hatte, zumal die Therapeutin sehr in die Tiefe gegangen war. Die Gruppentherapie war insofern auch nicht unbedingt erfolgreich, da ich nach Ende der Sitzung ins Auto gestiegen bin und wieder in einer Spielhalle gelandet bin. Somit sah ich in dieser Therapie keinen Sinn. Ich musste anscheinend noch mehr diesbezüglich mit machen. Britta sprach mich auf Fortschritte mit dieser Therapie an, bzw. ob ich nun aufgehört hätte mit dem Spielen. Dies beantworte ich mit „ja", dass ich aufgehört hätte zu spielen. Das war meines Wissens das einzige Mal in 20 Jahren Partnerschaft, wo ich sie angelogen hatte. Ich hatte aber auch die Angewohnheit, heiklen Fragen, speziell finanzieller Natur gekonnt aus zu weichen. Somit sah ich damals keinen Ausweg und die Gedanken eines Suizids kamen immer näher.

Juni 2001 Pleite

Am 15.Feber 2001, also zehn Tage vor der Geburt meines Sohns, hatte ich eine Verhandlung betreffend eines Firmenkonkurses. Dem voran gegangen war, die Eigeninitiative bzw. mein kaufmännisches Verständnis diesen einzureichen. Dazu sprach ich mit dem Richter und wir konnten eine Ausgleichsquote von etwa 13,84 %

erreichen, die wir den Gläubigern anbieten konnten. Bei dieser Verhandlung im Handelsgericht Wien waren zwei Gläubigervertreter von etwa 20 Gläubigern anwesend. Die angebotene Quote wurde aber von beiden Rechtsanwälten des Kreditschutzverbandes und AKV nicht angenommen. Mitte Juni 2001 forderte mich das Magistrat im 20.Bezirk auf, die beiden Gewerbescheine, die ich fast 9 Jahre hatte, zurück zu geben. Grund dafür war, dass ich im Laufe der Zeit einiges an Schulden angehäuft hatte. Dies tat ich auch und war dann arbeitslos gemeldet. Mein Vater, der damals in Pension war, löste dann wieder die Gewerbescheine für den Zeitschriftengroßhandel. Und somit ging das Geschäft weiter, was mich aber nicht hinderte weiter zu spielen und vor allem etwas dagegen zu unternehmen.

2000 Magistrat / Finanz

Etwa um die Jahrtausendwende kamen meine Kunden immer wieder zu mir und erbaten eine Einkommensbestätigung. Soll heißen, die jeweiligen Ämter verlangten bei Verlängerung oder Neueinreichung einer

Aufenthalts-berechtigung einen entsprechenden Einkommensnachweis. Da wurde etwa damit von Amtswegen gerechnet, dass eine Person, die in Österreich lebt, ein Mindesteinkommen von € 700,-- haben sollte. Für mich war das leicht fest zu stellen, da es einen fixen Rabatt als auch Verkaufspreis gab. Somit schrieb ich ihnen das, wenn es sich von Betrag her aus ging und sie erhielten ihr entsprechendes Papier vom Magistrat. Zu keinem Tag hatte ich für die Ausstellung dieses Papiers Geld erhalten zumindest nicht bis zum Jahr 2006. Für mich waren auch diese Personen selbstständige Kaufleute und hatten auch den von mir geschrieben Betrag dem Veranlagungsweg zuführen. Ob sie das auch tatsächlich praktizierten, liegt außerhalb meines Wissens. Ich hatte dies aber auch auf den ausgestellten Papieren genauso definiert.

März 2006 Tod meines Vaters

Im 25.Feber 2006 kamen meine Eltern zu uns, Britta meinem Sohn Gregor und mir nach Niederösterreich. Meine Partnerin hatte sie eingeladen zum 5. Geburtstages meines Sohnes. Mein Vater hatte nachdem er 1992 in Pension gegangen war, etwa zehn Kilo zugenommen. Er war nicht dick, aber genoss das Essen in vollen Zügen. Das hatte natürlich auch mein Sohn schon mit 5 Jahren herausgefunden und somit bombardierte er meinen Vater mit Mehlspeisen bei der Jause. Opa nimm die Torte, ich weiß, du naschst auch gerne. Eine Viertelstunde später kam er dann mit einem Krapfen und der Opa nahms und aß. Am nächsten Tag in der Früh im Geschäft um etwa 7 Uhr war mein Vater, wie üblich schon vorhanden. Wir setzten uns ins Auto und fuhren zu einem Kunden. Auf der Fahrt erzählte er mir, dass er in der Nacht so schlecht geschlafen hätte. Zusätzlich sei er jede halbe Stunde aufgestanden, um aufs WC zu gehen mit entsprechenden Schmerzen im Brustkorb. Als wir dann nach einer Stunde wieder im Geschäft waren, hatte ich ihn sehr eindringlich aufgefordert zu unserem Hausarzt in der gleichen Gasse zu gehen, um das anzuschauen. Gut ja es war Winter am 26.2.2006 und mein Vater ging mit großem Widerwillen nur im Pullover zum Arzt. Nach einer Stunde läutete mein Telefon und er war dran. Ich möge ihn eine Jacke zum Internisten eine Gasse weiterbringen, da ihm die Hausärztin sofort zum Internisten geschickt hätte mit dem Verdacht eines Herzinfarktes. Diese Ärztin ließ sich aber auch nicht zu einer Diagnose hinreisen und rief sofort die Rettung an, um in ein Spital zu bringen. Im Krankenhaus angelangt, wurde der Verdacht bestätigt, den die beiden Ärzte vermuteten. Dort wurde er 11 Tage durchgecheckt und am 10.März entlassen ein Freitag. Am 13.März in der Früh kam ich, wie immer etwa um 7 Uhr ins Geschäft und mein Vater war schon anwesend. Da das Erste, das ich in der Früh mache, einen Kaffee hinstellen war, machte ich das auch an diesem Tag. Inzwischen bemerkte ich, dass mein Vater auf das Gang-WC ging. Ich richtete, wie üblich einen Kaffee für meine Mutter im ersten Stock des gleichen Hauses an und begab mich zum Hinterausgang des Geschäfts ins Stiegenhaus. Dabei bemerkte ich, dass in unserem Gang-WC Licht brannte (undurchsichtiges Glas) und ich wusste, das könne nur mein Vater sein, da waren aber schon 10 bis 15 Minuten vergangen, als ich ihm das letzte Mal sah. Ich bin dann in die Wohnung meiner Eltern gegangen und sprach noch eine Weile mit ihr. Als ich dann wieder bei dem WC vorbeikam, brannte noch immer das Licht und ging ins Geschäft, aber da war niemand. Also ging ich nochmals zum WC und klopfte an der Scheibe, aber es gab keine Reaktion. Inzwischen war schon die daneben wohnende Nachbarin aus ihrer Wohnung gekommen. Da es aber zu keiner Reaktion im WC gekommen war, blieb mir nichts anderes übrig, als die Türscheibe mit dem Ellbogen einzuschlagen. Daraufhin sah ihn schon sitzend an die Wand gelehnt und mit Blut aus der Nase. Die Nachbarin rief sofort die Rettung an, und brachte mir auch Kleidungsstücke für den Gangboden, damit ich ihn darauflegen konnte. Die Rettung war ziemlich zügig da und man versuchte mit einem Defibrillator ihn zurück zu holen, aber vergeblich. Die Rettung informierte den Amtsarzt, dass er den Tod feststellen möge. In der Zwischenzeit kam auch die Polizei, wo ein Mann beim Toten stehen blieb, bis der Amtsarzt kam. Dieser kam nach circa 3 Stunden. Die erste seiner Fragen war, ob es aktuelle Befunde gab, die ich natürlich beantworten konnte. Als er diese durchgesehen hatte, meinte er: Bei dem Cocktail sei dies nichts Erstaunliches und am Montag in Wien zu sterben sei ungünstig, denn da haben wir einen Stau. Wenn ich nicht in Trauer gewesen wäre, hätte ich mich über solche Äußerungen nicht beherrschen können. Was mich aber noch berührte, war, dass es ich meiner Mutter sagen musste, die ja in ihrer Wohnung war. Und das nächste Problem war meinen Bruder, zudem wir etwa 20 Jahre mehr keinen Kontakt hatten, zu verständigen, dass unser Vater gestorben war. Er hatte sich im Streit auf das ihm zustehende Erbe mit seinen Eltern zerstritten. Er war aber innerhalb einer Stunde vor Ort, ohne dass irgendwelche bösen Worte gefallen wären. Am 24.März 2006 ließen wir ihn auf dem Wiener Zentralfriedhof begraben. Als dann der Sarg hinuntergelassen wurde, hatte ich ein einschneidendes Ereignis. Ich hatte sehr viel von meinem Vater geerbt, unter anderem, dass wir nicht über Probleme reden können und ihnen immer wieder auswichen, jetzt war es zu spät.

März 2006 Erpressung

Am 14.März gab ich die beiden Gewerbescheine meines Vaters beim zuständigen Magistrat im 20.Bezirk zurück. Das Handling diesbezüglich kannte ich ja schon. Am 20.März klingelte mein Telefon, die Rufnummer war unterdrückt. Am anderen Ende war ein Mann, der mir keinen Namen sagte, obwohl ich im Laufe des Gesprächs des Öfteren fragte. Er meinte, ich möge die Bestätigungen weiterschreiben, die ich schon seit der Jahrtausendwende schreibe. Auf meine Frage warum ich das tun sollte, erzählte er mir von Gegebenheiten der Ortschaft, wo mein Sohn aufgewachsen ist, die man nur wissen konnte, wenn man vor Ort war. Z.B. wann er heute in den Kindergarten gegangen ist und dergleichen mehr. Das trieb mich natürlich auf die Palme und ich drohte ihm. Seine Antwort darauf war nur, dass er mir nach voran gegangenem Anruf einen Ausländer vorbei schicke und ich dem eine Bestätigung auszustellen hätte. Für ein Monat müsste ich € 10,-- und mehrere Monate € 15,-- verlangen, die diese Personen auch dann zahlten. Am Anfang weigerte ich natürlich mit dem Argument, das ich das nicht mehr schreiben könne, da mir das Gewerbe nicht zusteht, aber im Laufe der Zeit wurden die Auskünfte über meinen Sohn, was er gerade eben trieb, immer realer und ich musste annehmen, dass er sich in Nähe von Gregor aufhielt, was sich ein Jahr später bewies. In der Ortschaft mit etwa 800 Einwohnern und einer Fläche von 34 Quadratkilometern, fallen natürlich fremde Personen auf und vor allem, wenn sie mit Auto vor öffentlichen Gebäuden stehen, wie etwa Schule oder Kindergarten. Nun hatte ich die Wahl, ich gehe zur Polizei und mache eine Anzeige, sofern diese angenommen wird, und es wird für ein bis zwei Wochen ein Schutz für meinen Sohn zugewiesen, und dann muss ich zittern, ob dem Mann nicht irgendetwas einfällt. Die andere Möglichkeit war, dass ich das auf meine Art regle, wozu ich mich ohne Rücksicht auf Konsequenzen ein lies. Somit kamen dann mehrmals in der Woche die Anrufe wieder mit unterdrückter Nummer und die Ausländer, die ich nur noch zum Teil kannte, erhielten ihre Bestätigungen gegen Bezahlung. Wenn ich die Personen ausfragte, von woher sie den Kontakt hätten, bekam ich keinerlei Auskunft. So beschloss ich diesen Personen zu folgen, dies war aber zumindest am Anfang aussichtlos. In der Zwischenzeit, es war schon Herbst 2007, ging mein Sohn in die Volksschule. In der Ortschaft wurde an verschiedenen Plätzen ein Mann beobachte, wo man annahm, dass er ein pädophiler Mann wäre, da er immer wieder bei Schule oder Kindergarten gesehen wurde. Dies war aber ein Irrtum, das Ganze hatte mir gegolten. Eines Freitags nach der Schule fuhr mein Sohn, wie jeden Schultag mit dem Schulbus nach Hause. Da der Weg etwa 500 Meter von der Ausstiegsstelle zum Wohnort nicht ganz einzusehen war, kam auf einmal ein Wagen von der Seitengasse, hielt bei meinem Sohn und die Beifahrertür öffnete sich. Ein Mann sprach ihm an und wollte ihm Zuckerl schenken. Mein Sohn hatte einmalig reagiert und ist sofort in Richtung Wohnhaus gerannt, wo schon meine Partnerin auf ihn gewartet hatte. Sie sah das Fahrzeug auch und rief auch die Polizei, nur bis die kamen, war der Fahrer über alle Berge trotz Sackgasse. Als mir das mein Sohn am gleichen Tag, Freitag am Abend erzählte, sprach ich meine Partnerin darauf an und sagte ihr, dass dies kein Pädophiler wäre, sondern das hätte mir gegolten, sie blieb aber bei der Version des Pädophilen.

13.Dezember 2006

Es war ein Freitag und wieder einmal ein 13. Ich saß im Geschäft, das zwei Ausgänge hatte, einen zum Hof des Hauses und einen auf die Gasse. Ich schrieb, wie schon seit Längerem an meinen Programmen und war entsprechend vertieft. Da klopfte es auf einmal an der Hoftür, die andere Tür hatte ich zugesperrt. Es war um die Mittagszeit und nahm an, dass es eine Hauspartei sei. Als ich nun die Tür öffnete, stand da ein etwa 190 cm großer Mann mit gepflegtem Aussehen. Er wies sich mit Namen und Ausweis als „Amtsdirektor" des Finanzamt Wien aus. Nun meinte er und hielt dabei ein A4-Papier in der Hand, dass er da eine Bestätigung in der Hand hielte, wo mein Firmenstempel und meine Unterschrift darauf zu finden wären. Zusätzliche behauptete er, dass diese beidseitig bedruckt wäre. Er erbat sich auch aus, ob er hereinkommen könne, was ich nicht ablehnte. Ich musste ihn aber dann auch gleich seine Behauptungen widerlegen. Zum Einem hatte ich nie Papiere aus der Hand gegeben, die beidseitig bedruckt waren, und zum Anderem hatte ich auf solche Schreiben auch keinen Stempel darauf gegeben, das war schon im Programm enthalten, das ich selbst dazu geschrieben hatte. Das Schreiben, das dieser Behauptung zu Grunde lag, hatte ich nie in Händen. Nun meinte er, ob er in meinem Stand-PC hineinschauen dürfe, was ich nicht ablehnte. Weiters wollte er auch meine Kontoauszüge, die ich hinter mir im Regal liegen hatte, ansehen und fotografieren, was ich auch nicht ablehnte, denn ich war mir keiner Schuld bewusst. Nun begann er mit der Aufnahme seines Protokolls. Über die Fragen, wie es zu solchen Einkommensbestätigungen gekommen ist, ab wann und warum, schloss er den Besuch mit der Frage ab, was ich dafür bekommen hätte und da meinte er nicht nur Geld, sondern auch Naturalien. Was sollte ich ihm nun antworten, denn inzwischen wurde mir klar, dass er sein Erfolgserlebnis benötigte, und zum Anderem hatte ich zu diesem Zeitpunkt noch meinen Erpresser, der mich ziemlich unter Druck setzte. Somit beantwortete ich seine Frage mit der Antwort: Ich habe nichts dafür erhalten. Seine Reaktion war, dass er dies nicht glaube. Im Jahr darauf kam er noch weiter zweimal unangemeldet in mein Geschäft und suchte weiter. Beim letzten Mal, fragte er, ob er den Stand-PC ins Finanzamt mitnehmen könne, was ich nach einiger Bedenkzeit bejahte. Bedenkzeit aus dem Grund, dass es dem Computer nicht unbedingt zuträglich gewesen wäre, aber zum Verbergen hatte ich natürlich auch nichts. Innerhalb von zwei Tagen hatte ich ihn wieder funktionstüchtig zurück, aber ob man etwas Rechtswidriges gefunden hatte oder nicht, sagte er mir nicht. So weit so gut oder nicht. Im Herbst 2007 kam es dann zu einer „Einladung" ins Finanzamt im 22.Bezirk. Dort offerierte er mir seine Ergebnisse seiner Betriebsprüfung, wie es so schön im Finanzdeutsch heißt. Er hatte mir schon angedeutet, dass er mich schätzen müsse, wenn ich ihm nicht sage, was ich für die Ausstellung von

Einkommensbestätigungen und so haben wir uns geeinigt auf diese Benamung. Seine Schätzung war die, dass er meinte ich hätte für jede Bestätigung € 100,-- erhalten und das beginnend mit dem Jahr 1998 bis dann nachfolgend zum Jahr 2008. Also sprich ein Einkommen von € 40.000, -- und „kulanterweise" Aufwand minus 50 %. Somit hatte ich in seinen Augen Jahr für Jahr € 20.000, -- mit dieser Arbeit verdient, was sich auch dann in den entsprechenden Einkommenssteuer-bescheiden niedergeschlagen hatte. Somit hatte ich mit einem Schlag zwei Forderungen von Finanzamt und Krankenkasse in Höhe eines 6-stelligen Betrages, wogegen ich sofort Berufung bis hin zum damaligen Finanzsenat als übergeordnete Stelle der Finanzämter reagierte, heute ist es meines Wissens die Finanzprokuratur. Alle Berufungen und das waren zu diesem Zeitpunkt 9 Jahre wurden von den einzelnen Stellen abgewiesen oder abgelehnt. Der Staat, bzw. deren Beamte haben meistens Recht, der Staatsbürger kaum. Womit ich aber damals nicht gerechnet hatte, war der Umstand, dass dieser Amtsdirektor, das nicht nur als Finanzvergehen ansah, sondern auch als Rechtsverletzung. Nach Abschluss seiner Prüfung im Jahr 2008, gab er die von ihm konstruierten Daten, für die er nie Beweise liefern konnte, an die Staatsanwaltschaft Wien weiter, zwecks Überprüfung einer Rechtswidrigkeit. Zusätzlich zu meinen Berufungen im Jahr 2008 erstellte ich für die Jahre 2006 bis 2008, als ich endlich meinem Erpresser habhaft werden konnte, Einkommenssteuererklärungen zu diesen 3 Jahren über insgesamt € 2.500, -- Einkommen aus der Erstellung von Einkommensbestätigungen, die aber bis heute unberücksichtigt blieben. In den Jahren 1998 bis einschließlich 2005 hatte ich ja keine Einnahme durch diesen Umstand. Diese Staatsanwaltschaft reagierte auch in Form der jeweiligen Bezirksgerichte, wo ich im Zeitraum 2009 bis 2011 zu etwa 100 Vorladungen „gebeten" als Zeuge geladen wurde. Der Ablauf dort war immer wieder der Gleiche. Der Grundtenor meiner Einvernahmen durch das jeweilige Gericht war immer der Gleiche. Ich wurde befragt, ob ich dieses Papier ausgestellt hatte und natürlich warum. Mir gegenüber saß immer ein Ausländer, der unter anderem von der Magistratsabteilung 35 beschuldigt wurde, sich mit solch eine Bestätigung einen Aufenthaltstitel erschlichen oder erkauft zu haben. Mir wurde das Papier vorgelegt, das diesem Vorgang zu Grunde lag und ich musste feststellen, ob ich das ausgestellt hatte oder nicht. Zu 90 % waren es meine Papiere, aber es waren auch Fälschungen dabei, was der Behauptung des Amtsdirektor entspreche. Die angeklagten Ausländer, die ich zumindest vom Aussehen her kannte, bekamen, wenn sie wirklich schuldig gesprochen wurden, 2 Monate auf drei Jahre bedingt, mehr nicht. Wie ich schon erwähnte, konnte ich im Mai 2008 endlich den Erpresser habhaft werden, indem ich wieder einmal einen vermeintlichen Kolporteur gefolgt bin, nachdem er eine Bestätigung von mir erhielt. Mit „schlagkräftigen" Argumente beschwor ich diesen Mann, sofort meine Nummer zu löschen und mich nie wieder anzurufen. Viel Hoffnung hatte ich dabei nicht, aber er hielt sich aus welchen Gründen auch immer daran und ich hörte oder sah nie wieder was von ihm, hatte aber auch meine Handynummer geändert. Was er davon hatte oder nicht, hatte ich nie erfahren können. Mit Frühjahr 2010 flatterte auf einmal ein eingeschriebener Brief der Staatsanwalt Wien – Straflandesgericht Wien bei mir ein. Darin wurde ich aufgefordert als Beschuldigter bei der Staatsanwaltschaft zur Befragung zu erscheinen. Dem kam ich auch nach und saß dem Staatsanwalt gegenüber. Ich wurde beschuldigt, Einkommensbestätigungen ausgestellt zu haben, die nicht dem Gesetz entsprachen. Da dieser Mann, mittleren Alters, einige Ordner vor sich liegen hatte, blättere er in diesen und fragte mich, ob den Namen, den er dort las, kenne und vor allem wie solche Papiere zustande gekommen sind. Daraufhin bestätigte ich seine Fragen, bat ihm aber mir die Bestätigungen zu zeigen, wo ich wieder etwa 10 % Fälschungen erkennen konnte, was auch er so sah. Soweit ich mich noch erinnern kann, war in diesem Jahr noch ein zweites Mal bei ihm in seinem Amt. Das Ganze war von Seiten der

Staatsanwaltschaft nur Einvernahmen eines Beschuldigten. Im Frühjahr 2011 kam wieder ein eingeschriebenes Schreiben, aber diesmal vom Straflandesgericht Wien, wo ich als Beklagter hinkommen sollte. Angetroffen hatte ich dort einen Richter, den Staatsanwalt, den ich inzwischen kannte und meinen Pflichtverteidiger, der bei meinem ersten Treffen mit ihm, gejammert hatte, dass er für die Verhandlung da 6000 Seiten Gerichtsunterlagen durchlesen müsse. Nun kam es zu dieser Verhandlung, wo natürlich alle Seiten Fragen stellten. Die Frage, ob ich für diese Ausstellung der Papiere, Geld erhalten hatte war da eher zweitrangig, genauso wie bei der Einvernahme durch den Staatsanwalt. Den Richter konnte ich mit meinen Antworten und Argumenten so gut wie möglich überzeugen. Mein Rechtsvertreter hielt sich eher zurück und grub nur einen Präzedenzfall aus, der mit meiner Anklage nur sehr wenig zu tun hatte. Der Staatsanwalt war schon etwas hartnäckiger und stellte ziemlich forsche Fragen. Resultat dieser Verhandlung, der Richter verkündete das Urteil, 24 Monate

Haft bedingt, heißt ohne Gefängnis. Nach der Verkündung des Urteils belehrte er mich zu meiner Entscheidung darüber; Das Urteil sofort anzunehmen, 3 Tage Bedenkzeit oder gleich Rechtsmittel einlegen. Mit dem hatte ich wahrlich nicht gerechnet, denn ich ging davon aus, dass ich als freier Mann und unbescholten das Gericht verlassen könne. Somit schaute ich meinen Verteidiger an und zeigte ihm 3 Finger für 3 Tage Bedenkzeit. Da aber nun der Staatsanwalt mein Zögern sah, sagte er, dass er in die Berufung gehe oder Rechtsmittel ergreifen werde. Im Feber 2012 kam es dann zu der 2.Verhandlung vor dem Oberlandesgericht Wien, wo ich von der Vermutung ausgegangen bin, dass das Urteil in meinem Sinne ausgehen würde. So trat ich zur vorgeschriebenen Zeit in den Gerichtssaal ein und fand einen Richtersenat vor. Als meine Daten überprüft wurden, sprach mich einer der Richter an: Das Urteil vom Straflandesgericht Wien wird abgeändert in 16 Monate bedingt und 8 Monate unbedingt. Meine Reaktion darauf: Das kann es aber nicht sein! Der Richter meinte dazu: Haben sie das Urteil nicht verstanden, sie müssen 8 Monate in Haft. Für mich brach eine Welt zusammen. Zum einem hatte ich bis zu meiner Erpressung diese Papiere im guten Glauben ausgestellt, zum anderen wollte ich meinen Sohn schützen, was somit kräftig in die Hose ging. Ich hatte so gut wie nie einen finanziellen Vorteil und wurde dafür bestraft. Ich fragte natürlich meinen Rechtsbeistand, was man diesbezüglich noch machen könne, musste aber wahrnehmen, dass es keinerlei Berufung zu diesem Urteil gäbe, sondern nur noch eine Eingabe. Er machte mir aber gleich keine Hoffnung, dass sich an dieser Entscheidung des Oberlandesgerichts durch eine solche Eingabe etwas ändern würde. Ich trug es ihm aber doch auf, das zu machen. War aber auch erfolglos. Somit bekam ich dann vom Gericht ein Schreiben, wo ich mich bis spätestens 10.April 2012 in der Haftanstalt Simmering einzufinden hätte, zum Antritt meiner 8-monatigen Haftstrafe.

2006 bis 2011 Rund um Pflege

Als mein Vater im März 2006 verstarb, so wie bereits erwähnt, stand ich wieder einmal vor einer Zwangsräumung meiner Garcionerre im 20.Bezirk. Jetzt war meine Mutter nach dem Tod ihres Mannes ganz allein auf sich gestellt und das nach fast 53-jähriger Ehe, mit wurde das Dach über den Kopf entzogen, also was blieb anders übrig als zu ihr in eine 75 Quadratmeter Wohnung zu ziehen mit dem Argument meinerseits ihr eine Aufsicht gegenseitig zu gewähren, denn sie war nach dem Tod ziemlich niedergeschlagen. Ob diese meine Entscheidung richtig war oder nicht, konnte ich zu dieser Zeit nicht sagen, zusätzlich hatte sie schon 2 Schlaganfälle hinter ihr. Zum Zeitpunkt als ihr Mann verstarb, wog sie circa 80 Kilo, war nicht dick aber stämmig. Das erste Jahr mit ihr gemeinsam in einer Wohnung ging ja einigermaßen, wir gingen einkaufen, zum Arzt und Untersuchungen. Sie musste zu diesem Zeitpunkt schon etwa 10 Tabletten am Tag nehmen auf Grund ihrer Vorerkrankungen. Darunter war auch ein Psychopharmakon, wo ich jedes Mal zu einem Neurologen und nicht zum Hausarzt gehen musste, um das Rezept zu erhalten. Meines Erachtens wurde das verordnet, weil sie zunehmend an Depressionen gelitten hatte. Zu sagen wäre noch, dass ich meiner Arbeit im gleichen Haus, nur durch einen Hof getrennt, vollbrachte. Heißt ich war zu ebener Erde und sie in der Wohnung im ersten Stock. Im zweiten Jahr begann sich ihr Zustand rasant zu verschlechtern, beim Essen nahm sie immer weniger zu sich und außer Haus wollte sie auch nicht gehen. Ich kann mich an eine Episode erinnern, wo wir beide etwa 300 Meter weiter im Lebensmittelhandel einkaufen waren und sie nach Begleichung des Einkaufs nicht weiter gehen konnte. Somit setzte ich sie im Geschäft hin, rannte die 300 Meter zurück ins Geschäft und holte meine Rodel, die ich schon seit Jahren hatte, fuhr mit dieser in das Geschäft, stellte sie auf die Rodel unter ihrem großen Widerwillen und fuhr mit ihr nach Hause. Mir war es egal, wie das aussah. Ihr nicht unbedingt. Das Ganze sah so aus, dass ich von Montag bis Freitag in der Wohnung mit ihr verbracht hatte und freitags Abend zu meiner Familie nach Niederösterreich gefahren bin, Gregor und Britta. Da sie aber am Wochenende nicht unbedingt allein sein sollte, kam mein Bruder am Samstag mal für zwei bis drei Stunden vorbei und das wurde fast jedes Mal zur Farce. Einmal rief er mich, da er die Medikamente nicht finden konnte, ein anderes Mal wegen irgendeiner Lappalie. Soll heißen eine große Hilfe diesbezüglich war er mir da auch nicht. Da sich aber nun zu den wachsenden Depressionen, Paranoia und Demenz dazuschlugen, wurde die Betreuung ihrer Person immer schwieriger, soll heißen, die 24 Stunden Pflege wurde voll in Anspruch genommen. Tagsüber, da sie keinen Zeitbegriff mehr hatte, schlief sie und in der Nacht als ich im Nachbarzimmer schlafen wollte, geisterte sie in der Wohnung umher. War nicht einmal, dass ich sie um Mitternacht oder später im Wohnzimmer aufheben musste und sie wieder ins Bett zu bringen. Zusätzlich hatte sie keinen Überblick mehr, was sie an Haushaltsartikel besitzt. Da kam es schon vor, dass sie um 11 Uhr am Vormittag am Balkon stand und laut meinen Namen gerufen hatte, weil sie stand der Peter, mindestens zwei Tuben Zahnpasta brauchte. Ich kam dann im Hof, sah sie am Balkon wild gestikulieren und meinte, sie solle doch in dem Kasten schauen, dort wären meines Wissens mindestens 10 Tuben Zahnpasta. Sie meinte nur dazu, sie werde doch wissen, was sie braucht und nicht ich. Also musste ich ihr die 11 und 12 Tube kaufen und das sofort und gleich. Immer machte ich das nicht, dass ich einkaufen ging. Die einzige Zeit, die ich dann zum Verschnaufen hatte, waren die Zeiten, als sie von einem Spital ins nächste kam, da brauchte ich sie nur für etwa eine Stunde besuchen, denn mehr war da nicht drinnen. Es wurde mir immer mühsamer mit ihr zu sprechen, da sie keinerlei Perspektiven sah. In den einzelnen Spitälern, ich glaub sie hat fast alle Spitäler in Wien „besucht", behielten sie sie aber maximal 10 Tage, denn körperlich konnten sie nichts finden und was die Psyche betraf, so konnte ihr keiner helfen. Nun kam mein lieber Bruder, zu dem ich wie gesagt, etwa 20 Jahre keinen Kontakt hatte, zu der glorreichen Idee seine Mutter zu entmündigen. Dazu ging er zum zuständigen Bezirksgericht und stellte den Antrag. Meine Meinung dazu war, dass sie sicherlich noch zurechnungsfähig war, auch wenn sie schon auf dem besten Weg zu einer

Unzurechnungsfähigkeit war. Somit kam dann eines Abends, nach Voranmeldung ein Jurist des Bezirksgerichts zu uns in die Wohnung. Anwesend waren meine Mutter und wir beiden Söhne. Am Anfang stellte er seine Fragen an meine Mutter, die sie auch richtig beantwortete, doch dann kam eine ziemlich deftige Belehrung meines Bruders, der ja den Antrag gestellt, von diesem Juristen. Er meinte, dass die Frau voll zurechnungsfähig sei und warum er den Antrag gestellt hätte, was er natürlich nicht beantworten konnte. Somit wurde dieser Antrag abgelehnt. Bis zu diesem Zeitpunkt war das Verhältnis zu meinem Bruder noch halbwegs manierlich und sachbezogen. Danach verschlechterte sich das aber zunehmend bis hin zu körperlichen Angriffen seinerseits im Beisein unserer Mutter. Im September 2010 spazierte sie und das am Tag wieder durch die Wohnung und kam im Wohnzimmer zu Fall. Ich war zu dieser Zeit gerade unterwegs. Sie hatte damals schon etwa 4 Jahre lang drei Mal am Tag eine Heimhilfe, da ich ja nicht immer zugegen war und daraus resultierend eine Schlüsselsafe am Eingang zur Wohnung, denn auch die Heimhilfen und Rettung natürlich benutzten. Zusätzlich hatte sich auch ein Armband mit einem Notrufknopf, den sie bei Bedarf benutzen konnte. Somit kam an diesem Tag die Rettung, die mich auch informierte, dass mit meiner Mutter etwas passiert wäre, und sie kamen auch unter Nutzung des Schlüsselsafe hinein. Sie brachten sie daraufhin in Spital, wo festgestellt wurde, dass sie sich beim Sturz in der Wohnung eine Rippe in die Lunge gebohrt wurde. Nun fuhr mal wieder in das nächste Spital und redete mit der Chefärztin der Abteilung. Sie fragte mich, ob nach der Entlassung eine 24 Stunden Pflege meiner Mutter gewährleistet wäre. Diese Frage musste ich aber mit nein beantworten, denn ich war nicht nur durch sie, sondern auch durch meine Sucht physisch und psychisch am Ende. Voraus zu schicken wäre, dass sofort nach dem Tod meines Vaters im März 2006, mein Bruder um einen Heimplatz in einem Altersheim für sie angesucht hatte. Für ihn wäre es nämlich damals einfacher gewesen, sie einen Monat später in einem Heim zu sehen. Als dann nach etwa nach 2 Jahren eine Zusage für das Heim im 20.Bezirk kam, ich kannte dieses Haus von innen und außen, quälte sie mich mit der Entscheidung, was sie tun soll: Ins Heim oder nicht. Diesbezüglich sei fest zu stellen, dass dieses Heim in einer ihrer bekannten Umgebung lag und nachdem dieses noch nicht lange stand, auch sehr schön ist. Mein Argument dazu war, dass das ganz alleine ihre Entscheidung wäre und ich ihr weder zu- noch abraten würde. Mein Bruder natürlich hatte sofort auf sie eingeredet, den Platz anzunehmen. Nach einigen Wochen und Monaten lehnte sie ab. Nun lag sie, wie gesagt im Spital und man suchte von Seite der Gemeinde Wien einen Platz in einem Pflegeheim, den sie auch dann Ende 2010 im 22.Bezirk in einem kurz vorher neu eröffneten Heim bekam. Dort im 8.Stock mit Lift, erhielt sie ein Zimmer mit etwa 20 Quadratmeter. Soweit ich beurteilen konnte, war sie damals einer der Jüngsten mit 78 Jahren. Es gab dort neben den Zimmern einen Gemeinschaftsraum, wo die Insassen zusammen kamen um zu tratschen oder um Spiele zu machen. Kann mich erinnern, dass ich mehrmals gesagt hätte, sie möge doch aus ihrem Zimmer gehen und sich mit den Anderen unterhalten. Aber sinnlos ihre Paranoia oder Demenz war schon so weit fortgeschritten, dass sie nicht mehr unter Leute wollte, denn die könnten ihr ja etwas antun, so wie ich das schon in diversen Spitälern von ihr hören musste, als sie da Personen mit weisen Mänteln sah und die ihr etwas antun wollten. Mein Argument, dass dies nur ärztliches Personal sei, die ihr helfen wollten, lies sie nicht zu. Am 2.März 2011 ging ich wie fast täglich zu ihr ins Heim, sie zu besuchen. An diesem Tag war sie kaum noch ansprechbar, noch konnte ich mit ihr reden. Als ich dann nach Hause fuhr, hatte ich meine Vorahnungen. In der Nacht schaltete ich, wie üblich, mein Handy aus. In der Früh, als ich es wieder einschaltete, sah ich eine SMS vom Heim. Meine Vorahnung hatte sich bestätigt, sie schlief ruhig in der Nacht in den Armen einer Pflegerin ein. Nun bestatteten wir unsere Mutter im gleichen Grab, wo auch mein Vater lag. Ich war nun allein in einer 75 Quadratmeter Wohnung mit meinen Habseligkeiten und mit einer Miete von knapp € 500,--.

Mai 2011 Neokathomenat

Ich hatte zu dieser Zeit nicht unbedingt das beste Verhältnis zu meiner Mutter gehabt, aber sie war auch in meiner Kindheit für mich, wenn auch nur eingeschränkt, da. Somit war ich etwas im Dilemma was sie betraf. An einem schönen Frühjahrstag anfangs Mai, ging ich mit meiner uralten Kleidung eines Sonntags am Donaukanal spazieren, setzte mich dann auf eine Bank und begann auf meinem Handy herum zu drücken. Da ich zu diesem Zeitpunkt schon sehr eingeschränkte Sehfähigkeit hatte, durch wachsenden grauen Star, sah ich nicht allzu viel. Plötzlich verdunkelte sich die Sonne, die mir ins Gesicht schien. Als ich aufsah, standen vor mir zwei Personen, die ich kaum erkennen konnte. Die eine Frau fragte mich, ob ich an Gott glaube, nachdem sie sich als Anna vorgestellt hatte. Sie stellte auch die zweite Dame vor, aber deren Namen weiß ich nicht mehr. Voraus zu schicken wäre, dass ich mich zu jeder Zeit einer solchen Diskussion entzogen hätte. Auf diese Frage, die ich hier noch nicht beantworten will, ergab sich dann ein halbstündliches Gespräch und zum Schluss sagte zu mir: Ich lade sie nächsten Samstag am Abend um 20 Uhr ein. Ich schreibe ihnen da eine Telefonnummer von Wolfgang auf, sollte etwas inzwischen kommen. Was war das? Zwei Frauen, die gut 10 Jahre älter waren als ich, laden mich ein. Sie sagten mir noch, sie seien vom Neokathomenat, ein Teil der katholischen Kirche und keine Sekte. Okay jetzt hatte ich da eine Telefonnummer von einem gewissen Wolfgang und eine Einladung. Was soll das sein? Nun lag ich jeden Abend im Bett und grübelte über diese Einladung nach. So kam halt dieser besagte Samstag und ich dachte mir Geld hast so wie so keines und neugierig war ich natürlich auch, was das ist. So ging ich, wie üblich, früher von zu Hause weg und kam dort im 20.Bezirk schon um 19:30 Uhr hin. Als ich den Saal betrat, wo das Ganze stattfinden sollte, sah ich einen Mann am anderen Ende des Raumes, der gerade Klappsessel aufstellte. Als er mich bei der Tür sah, kam er auf mich zu, streckte mir die Hand entgegen und sagte, er sei Wolfgang.

Dann erst realisierte ich, dass dies ja ein Priester sein müsse, denn er war von oben bis zu den Schuhen schwarz angezogen. Als er mich dann fragte, wie ich denn heiße, war ich etwas perplex und ich fing an zu stottern und sagte: Ich heiße Eduard. Dieser Name blieb mir bei ihm eine Zeit lang erhalten, bis ich ihn bewegen konnte, mich Edi zu nennen. Gut weiters fragte er, ob ich ihm nicht beim Aufstellen der Sessel helfen könne, was ich natürlich bereitwillig machte. Jetzt war es schon bald 20 Uhr und ich rechnete damit, dass da einige ältere Personen auftauchen würden, die circa 20 Sessel waren bereit und somit setzte ich mich auf einen von diesen. Da ging die 2.Tür des Raumes auf und ein Mädchen mit etwa 16 Jahren kam bei der Tür mit einer Gitarre am Rücken herein. Mit der Zeit füllte sich der Raum und wie ich feststellen musste, war ich dabei einer der Ältesten. Als das Ganze dann kurz nach 20 Uhr begann, musste ich mich natürlich vorstellen, was ich noch nie gern getan hatte. Herausgestellt hat sich danach, dass es eine Eucharistie war mit zwei Lesungen und einem Evangelium aus der Bibel. Ich hatte noch im Hinterkopf, dass mich meine Großmutter, die katholisch war, in meiner Schulzeit des Öfteren in die Messe der katholischen Kirche bewegt hatte und ich dachte mir damals schon, dass das für mich nichts ist, die ganzen alten Leute, beten und knien und wieder beten. Da war das aber etwas anders und nicht nur die Teilnehmer. Die zwei Lesungen aus der Bibel wurden von den einzelnen Teilnehmern selbst vorbereitet und auch gelesen. Wolfgang, der sich ja als Priester wiedergab, hatte nur den Vorsitz und musste das Evangelium lesen und dann auch sämtliche Lesungen in einer Predigt analysieren. Wir, also alle Teilnehmer, konnte auch kundtun, was uns die jeweilige Lesung gesagt hätte und das freiwillig. Weiters hat mir auch gefallen, dass die Gitarre nicht nur zum Anschauen da war, sondern zwischen den einzelnen Lesungen wurde immer ein Lied angestimmt, wo wir alle mitsangen. Gut dies wurde etwa um 22 Uhr abgeschlossen und ich wurde daraufhin hingewiesen, dass am darauffolgenden Dienstag um 20 Uhr eine Wortliturgie sei. Nachdem mir diese Art einer Messe etwas zugesagt hatte, ging ich halt am Dienstag wieder hin. Ich wurde dann ein Bruder der damaligen 10.Gemeinschaft im Neokathomenat, was ich auch sieben Jahre lang praktiziert und mir persönlich sehr viel brachte. Der Ablauf in dieser Gemeinschaft war immer wieder der Gleiche, 3 bis 4 Personen aus dieser Gruppe mussten einige Tage vorher bei Einem der 3 bis 4 Personen zu Hause die jeweilige Wortliturgie bzw. Eucharistie vorbereiten und dann an dem Tag auch präsentieren. Dabei war es nicht immer leicht auch genügend Personen zu finden, die da mitmachten. Wir hatten auch alle ein bis zwei Monate einen Gemeinschaftssonntag und circa zweimal im Jahr ein Gemeinschaftswochenende in einem Hotel in Niederösterreich. Als ich im Mai 2011 zu dieser Gemeinschaft kam, gab es diese erst ein halbes Jahr. Soll heißen, dass man sich noch nicht so genau kannte, dies änderte sich aber im Laufe der Jahre, da man ja immer wieder bei einem anderen vorbereiten und somit gesehen hatte, in welchem Umfeld, der oder die sich bewegt. Zu dieser Zeit schloss ich mit zwei Schwester,

Maria und Giada eine Freundschaft. Maria war gebürtige Polin und hatte in Österreich studiert, Giada war eine junge, etwa 20-jährige Austauschstudentin von Capri/Italien. Mit beiden hatte ich einiges unternommen, doch Giada musste, als sie schon perfekt deutsch sprach im Sommer 2012 wieder zurück nach Italien. Mit Maria verband mich, dass sie genauso meiner Sucht frönte, wie ich, nur nicht so exzessiv.

April 2012 Haftstrafe

Am 10.April fuhr ich also mit meinen Habseligkeiten, da ja inzwischen immer weniger wurden, in den 11.Bezirk zum Antritt meiner Haftstrafe. Dem voran gegangen war, dass ich zwei Monate vorher wieder mal eine Räumungsklage mit ausführendem Tag, den 10.Mai 2012 am Hals hatte. Ich hatte somit wenig Zeit die Wohnung im 20.Bezirk zu räumen. Maria und mein Kollege, zu dem ich noch später komme, waren mir da eine starke Hilfe, da ich ja zu diesem Termin in Haft war. Als ich in der Haftanstalt ankam, wurde ich auf Gründlichste durchsucht und kam dann in die geschlossene Abteilung in eine Zelle mit etwa 10 Quadratmeter zu zweit. Ich wurde zwar am Anfang belehrt, was ich tun und eher lasse sollte, als auch informiert, welche Abteilung es da gäbe. Es gab am Tag nur eine Stunde Spaziergang im Hof, wenn es die Witterung zuließ. Die ersten zwei Monate hatte ich natürlich genug Zeit, ein Gespräch mit dem Mithäftling war da nicht immer einfach, so nahm ich mir die Bibel und las sie vom Anfang bis zum Ende, trotz grauen Stars. Nach zwei Monaten ließ ich mich in den gelockerten Vollzug versetzen, wo man einer Tätigkeit im Rahmen der Haftanstalt nach gehen konnte. Im Zimmer waren 6 bis 10 Personen, die in den verschiedensten Abteilungen gearbeitet hatten. Da ich aber ein Mensch bin, der seine Freiheit genießt, lies ich mich wieder versetzen und landete im Freigang. Soll heißen um 4:30 Uhr aufstehen und vom 11.Bezirk in die Kaserne im 14.Bezirk fahren, wo ich für Gartenarbeiten mit weiteren Häftlingen eingesetzt war. Da dies im Juli August 2012 nicht unbedingt angenehm war, den ganzen Tag in der Sonne zu stehen, ersehnten wir schon den Dienstschluss um 16 Uhr. Danach hatten wir bis Punkt 18 Uhr wieder in der Haftanstalt sein müssen. Der Gemeinschaft, der ich ein Jahr zuvor beigetreten war, hat mich in dieser Zeit enorm unterstützt. Das äußerte sich in dem, dass zu jeden und das wirklich jeden Besuchstag, drei meiner jetzigen Geschwister mich besuchen kamen und mir dabei Trost spendeten. Da ich mit der Abteilung Freigang auch die Möglichkeit hatte Tage das Wochenende außerhalb der Anstalt zu verbringen, konnte ich unter anderem auch einen Gemeinschaftssonntag beiwohnen. Was dabei auch zu beachten war, dass sich meine ganze Verwandtschaft und das sind schon einige in Form von 4 Cousinen und einer Tante und Onkel zu den Besuchszeiten nicht blicken ließen, von meinem Bruder will ich da erst gar nicht reden, denn der wusste ja, dass ich sitze. Zusätzlich setzte mir meine Schwester Maria ziemlich zu, sich mit meinen Eltern zu versöhnen, ich machte sie nämlich dafür schuldig, wo ich jetzt war. Somit kam es dann an einem Sonntagmorgen, als ich um 8 Uhr hinaus durfte zu diesem Gespräch. Gut ja sie waren beide verstorben, was soll ich da mit Steinen reden. Da aber der Friedhof in der Nähe der

Haftanstalt lag, stieg ich aus der Straßenbahn aus und ging zum Grab. Im ersten Moment wusste ich nicht, was ich sagen sollte, aber dann, glaube ich, habe ich etwa eine halbe Stunde mit ihnen geredet und ich meine zum Schluss liefen mir Tränen über die Wangen. Als ich dann wieder zurück zur Straßenbahn gegangen bin, fühlte ich mich um 10 Kilo leichter. Seit diesem Zeitpunkt, hatte ich Frieden mit meinen Eltern geschlossen, wenn es auch nur Steine waren und es wird mir nieder wieder ein böses Wort betreffend meine Eltern über die Lippen kommen, das steht mir nicht zu, ich sollte es besser machen, aber das scheint mir ja auch nicht gelungen sein, zumindest bis dato. Als ich eines Morgens wieder in die Kaserne zum Arbeiten fuhr, passierte mir ein Unglück. Wir hatten die Möglichkeit der Verpflegung in der Kaserne. Heißt, wir konnten, frühstücken, bekamen Mittagessen und ab und zu eine Verpflegung in Form von Dosen für den Abend. Nun ging, ich, wie üblich um 06:30 Uhr frühstücken und bis herzhaft in die frische Semmel. Auf einmal merkte ich, dass mein Obergebiss in der Mitte gebrochen war.

Somit veranlasste ich, am Abend in der Haft, dass mir ein Zahnarztbesuch zugestanden werde, denn mein Biss war nicht gegeben. Bekam ich auch und musste diesen Tag in der Anstalt bleiben. Voraus zu schicken ist, dass ich während der Haft nicht krankenversichert war, und die Kosten für eventuelle Behandlung vom Budget der Justiz beglichen wurde. Somit kam ich zu einem Zahnarzt, der nicht unbedingt der Beste war, aber der Justiz für das Flicken meines Gebisses einiges verrechnet hatte. In der Zeit, ich hatte es schon vorher registriert, verschlechterte sich mein grauer Star so weit, dass ich am Ende nur mehr 2 % Sehfähigkeit hatte. Das heißt, ich musste mit Hilfe meiner Füße den Randstein ertappen. War der irrigen Annahme, dass man das diese Operation auch während der Haft machen könne, hatte aber zwei Tage nach Entlassung aus der Haft am 12. Dezember das rechte Auge zur Operation und eine Woche später das Andere.

10.Dezember 2012 Entlassung

Gut an diesem Tag wurde ich entlassen und stand nun auf der Straße mit etwa € 700,--

einer Sehfähigkeit von 2 % und meinen mickrigen Habseligkeiten und ohne ein Dach über dem Kopf. Da mir aber schon während der Haft ein Bruder, namens Werner, der Gemeinschaft angeboten hatte, in sein Kabinett im 8.Bezirk einzuziehen, nahm ich das gerne an. Er meinte nur solange bis ich etwas gefunden hätte. Da ich jetzt für mich zu viel Geld in der Tasche hatte, juckte dies natürlich, während der Haft hatte ich solche Erscheinung nicht, obwohl es sich wahrscheinlich von der Zeit ausgegangen wäre. Somit ist es gekommen, wie es kommen musste, ich spielte wieder weiter und nach einiger Zeit sprach mich Bruder Werner darauf an, wie weit meine Wohnungssuche gediehen sei. Nachdem er sah, dass ich dem nicht sehr viel Eifer beigemessen hatte, stellte er mir zu Recht ein Ultimatum. Auch das ließ ich verstreichen, und daher musste ich zur Gemeinde Wien um ein Obdachlosenasyl ansuchen, das ich auch im 16.Bezirk bekam zusammen mit einem Zweiten im Zimmer von 20 Quadratmetern. Meiner Einbildung nach, hatte ich mir vorgestellt, dass man dafür nichts zu bezahlen hätte, was aber ein Irrtum war. Ist sicherlich nicht der Betrag für eine Miete, aber immerhin waren es € 160,--, die ich auch am Anfang bezahlen konnte. Doch im Laufe der Zeit ging auch das nicht mehr. So waren, trotz Sozialberatern, sie genötigt mich wieder aus dem Haus zu entfernen. Was nun? Da bot sich mein Arbeitgeber und Freund Kamal an, mich im Keller seines Geschäfts unter zu bringen, ohne WC und Wasser, da das Jahr schon fortgeschritten war und der Winter vor der Tür stand, musste ich das annehmen, natürlich ohne Wissen der anderen Hausparteien. Ich war dort unten nicht alleine, hatte auch Haustiere in Form von Mäusen, die zeitweise in der Nacht über mein Gesicht liefen, als ich schlief. Das war wahrscheinlich die Zeit, wo ich mindestens einmal in der Woche dachte, wozu ich lebe. Ich hatte nichts zustande gebracht im Gegenteil alles ruiniert, meinem Sohn hatte ich mit 11 Jahren vorlügen müssen, dass ich in Berlin arbeiten müsse und ihm daher nur einmal die Woche von der Haftanstalt angerufen hatte. Meine Suizidgedanken waren damals schon sehr extrem. Meine

Geschwister der Gemeinschaft wussten natürlich auch über die ganze Misere Bescheid, aber sie konnten mir auch nicht helfen, auch wenn das bis zum Katechisten gegangen ist.

24.Dezember 2014 Ende

Nun war es Weihnachten, eines wie es auch die vergangenen Jahre war. Ich schlief im Keller, hatte dabei Haustiere und in der Brieftasche € 20,--. Ein paar Lebensmittel hat es noch gegeben, denn im Laufe der Zeit konnte ich von täglich € 6,-- für Essen und Rauchen leben. Gut was macht man mit diesem Geld, man geht in die nächste Spielhalle und weg war der Betrag. Zu diesem Zeitpunkt beschloss man in der Gemeinde Wien, dass man das kleine Glücksspiel mit 1.Jänner 2015 einstellen würde. Hieß, dass alle Automaten, die ich über 30 Jahre fütterte, stillgelegt wurden, aber nur in Wien und nicht in Niederösterreich. Gut es kam das neue Jahr, Automaten gab es in Wien also keine mehr und Geld war dann auch wieder in meiner Tasche. Jetzt hatte ich die Möglichkeit mich in den Zug zu setzen, in eine Randgemeinde von Wien zu fahren und weiter diese Kübel zu speisen. Das war aber nicht so, warum kann ich mich bis heute nicht erklären, aber egal ich werde es sicher nicht hinterfragen. Soll heißen, dass ich nach gut 30 Jahren und daraus sich ergebenden Schwierigkeiten von dieser Sucht mit 24.Dezember 2014 geheilt war. Ab diesem Tag hatte ich nie wieder einen Automaten angerührt. Was ich im Laufe der Zeit verspielt hatte, konnte ich mir natürlich nicht beantworten, aber ich nehme an, dass es sicher ein 7-stelliger Betrag war. Heißt, ich hatte mit meiner Tätigkeit, meine Abgaben über Gewinn- und Umsatzsteuer geleistet und das nicht zu knapp, zumindest von meiner Seite, ob das bei den jeweiligen Stellen wie Finanzamt und Gemeinde gelandet sind, kann ich aber nicht beurteilen. Interessant dabei war, als ich meinen Zwangsaufenthalt im Jahr 2012 hatte, musste ich nicht spielen und kaum in Freiheit, ging es wieder weiter. Wie ging es nun weiter? Im Feber 2015 suchte ich wieder um einen Platz im Obdachlosenheim an und erhielt diesen auch sofort im 16.Bezirk. Nun ging alles Schlag auf Schlag. Die Sozialarbeiterin, die mich betreute, setzte einen ziemlichen Druck auf, dass mir eine Gemeindewohnung zugewiesen werde. Die Gebühr für den Platz im von € 160,-- waren somit auch kein Problem mehr, wurden also regelmäßig beglichen. Da ich im Jänner des Jahres 2013 schon vorstellig wurde, was eine Gemeindewohnung betraf, machte ich mir nicht allzu sehr eine Hoffnung, dass das diesmal klappen würde. Man verlangte im Jahr 2013 von mir Meldebestätigungen und Mietverträge der letzten drei Jahre. Das mit der Meldebestätigung konnte ich ja erfüllen, aber einen Mietvertrag konnte ich natürlich nicht beibringen. Da half auch nicht das Argument, dass ich österreichischer Staatsbürger wäre, und in Wien geboren wurde. Ich war damals so in Rage, dass ich mich zu der Aussage hinreißen ließ, man möge mir diesen negativen Bescheid ausstellen, denn ich benötige dieses Papier auf einen bestimmten Ort. Gut wieder zurück. Die Sozialarbeiterin in diesem Heim trug mir auf dort im Haus Monat für Monat einen gewissen Betrag zu deponieren, damit ich beim Verlassen des Heims Geld hätte für die

Wohnung. Mit 1.Juli 2015 erhielt ich dann eine Kleinwohnung mit 36 Quadratmetern im 20.Bezirk, in der ich noch heute wohne. Da ich aber fast keine Möbel hatte, musste ich alles neu kaufen von Einbauküche bis hin zu Kästen. Da sich die Wohnung im 5.Stock befindet half mir damals dabei ein Mitbewohner aus dem Obdachlosenheim. Was war los, die Spielsucht war weg, ich hatte eine eigene Wohnung, wo es bis zu den heutigen Tag keinerlei Mietrückständen gibt und vor allem ich hatte auf einmal mehr als 10 Euro in meiner Geldbörse. Das war schon ein wunderbares Gefühl und daran hat sich bis dato nichts geändert. Soll heißen, ich erweckte mich zum Leben, was das zu meiner Zeit als Spieler war, würde ich nicht unbedingt dem zuordnen.

Feber 2016 Normales Leben

Anfang des Jahres 2016 flatterte mir eine Postkarte in meinen Briefkasten. Diese lies ich und stellte fest, dass es sich dabei um ein Onlineportal handelte, wo man sich kostenlos registrieren konnte. Nachdem es gratis war, vollzog ich das dann auch. Das Ganze war eine Website mit gut hundert verschiedenen

Gruppen, je nach Interesse. Da ich immer schon ein neugieriger Mensch war, schaute ich mir die Gruppen an und fand etwa 4 bis 5 Gruppen, die mich ansprachen. Bei zwei von diesen setzte ich Aktivitäten unter anderem bei 50+ Treff und 60+ Treff, was auch dem Alter der Mitglieder entsprach. Jetzt organisierte Helmut, der Admin der Gruppe 60+ Treff, alle zwei Wochen Restaurantbesuche um 18 Uhr am Abend. Jedes Mal in einem anderen Lokal. Da ich so etwas aus meiner Vergangenheit nicht kannte, war es mir eine Freude dort immer gut zu essen und etwa 3 bis 4 Stunden zu tratschen mit den dort anwesenden 8 bis 10 Personen. Die andere Gruppe 50+ Treff war vom Anfang an eine Herausforderung für mich. Da schrieb der Admin, Name ist mir entfallen, wieder auch alle 2 Wochen am Freitag abends um 18 Uhr ein Treffen in einem Marktstand im 3.Bezirk aus. In dieser Gruppe war aber nicht das Augenmerk auf Essen gerichtet, sondern viel mehr auf Gesellschaft. Da aber diese Treffen nicht optimal organisiert waren, kamen zu diesen Zusammenkünften nur etwa eine Handvoll, viel mehr ging aber auch nicht, den Platz für mehr war in diesem Stand nicht gegeben. Der Admin Helmut von der Gruppe 60+ Treff betrieb dies wesentlich genauer bis hin zu seinem Tod im Jahr 2019. Zu beiden Treffen nahm ich immer wieder meinen Freund Roman mit, da er damals Single war, aber auf ihn komme ich später noch zu sprechen. Wie gesagt, in der Gruppe 50+ tat sich nicht allzu viel und somit ergriff ich die Initiative über diese Gruppe selbst Treffen alle 2 Wochen online zu stellen. Die Gruppe hatte zu dieser Zeit circa 100 Mitglieder und somit schrieb ich ein Treffen in einem Speiselokal und nicht in einem Marktstandbuffet im Portal aus. Am Anfang erschienen da vielleicht 7 bis 8 Personen aus dieser Gruppe und auch da war natürlich nicht das Hauptaugenmerk auf Essen, sondern auf Unterhaltung und Gesprächen. Interessant dabei war, dass bei jeden und derer gab es sie alle 2 Wochen konsequent, immer mehr Frauen als Männer zugegen waren. Heißt zeitweise kam es schon vor, dass Roman und ich die einzigen Männer waren. Nachdem ich mich aber gerne Frauen umgab, was für mich auch eine neue Erfahrung war, empfing ich dann die Damen entsprechend. Soll heißen, Bussi links und rechts, wo mir dann bewusstwurde, dass dies einen Einfluss hatte auf die darauffolgenden Gesprächsqualität. Das lief zwar am Anfang etwas schwerfällig an, doch im Laufe der Zeit kamen immer mehr zu diesen Treffen. Die Anzahl der Mitglieder in dieser Gruppe stieg auch stätig an, bis zum Schluss mit gut 500 Mitgliedern. Da ich aber nun nicht der Admin dieser Gruppe war, kamen natürlich auch Anfeindungen anderer Mitglieder dieser Gruppe unter anderem mit dem Argument, dass dies eine Partnerbörse sei, was ich mit entsprechenden Kommentaren über die Webseite wieder legte. 2018 und 2019 hatte ich die Idee, dass man ja nicht unbedingt in ein Lokal gehen müsse, sondern es gäbe auch Kultur und leichte Sportarten. Diese Treffen wurden nicht unbedingt von den Mitgliedern angenommen. Dabei handelte es sich um Kabarett, Bowling, Billard oder Minigolf, also keine ausgefallenen Dinge. Zu solchen Treffen kamen nur etwa 5 bis 6 Personen, somit kehrte ich wieder zu den Lokalterminen zurück. Als dann die Pandemie im Jahr 2020 kam, hatten wir dann unser letztes Treffen im 3.Bezirk im Feber. Einige Monate später wurde ich von Pamela, darauf hingewiesen, dass sie die Gruppe 50+ Treff auf der Website nicht mehr finde. Da aber mit Lockdown und weiteren Einschränkungen solche Treffen auch nicht stattfinden konnte, fiel mir dieser Umstand auch nicht auf. Ich ging dem nach und musste feststellen, dass sowohl die Gruppe 60+ Treff, die allerdings nach dem Tode des Admins keinerlei Aktivitäten hatte, und die Gruppe 50+ Treff von dieser Seite samt ihren Mitgliedern entfernt wurde. Der Hintergrund war der, und das zeichnete sich schon einige Zeit vorher ab, dass die Software (angeblich Ubuntu) dahinter abgestürzt sei, und eine neue Software über diese Website installiert wurde. Da ich mich nun selbst als Programmierer bezeichne, schrieb ich dieser Firma, die Eigentümer dieser Seite an, etwa 2-mal, um zu erfahren, was da passiert wäre. Als Antwort kam, dass so manche alten Gruppen nicht mehr wiederherstellbar wären. Dazu gab ich natürlich auch meinen Kommentar ab, dass dies sehr wohl zu machen wäre, aber auch mit einem enormen Zeitaufwand, denn die Daten müssten ja vorhanden sein, man müsse sie nur herauslesen und sie dem neuen Portal hinzufügen.

Herbst 2015 Tanzveranstaltungen

Mein Freund Roman, den ich da schon einige Jahre kannte, sprach mich einmal an, ob wir nicht einmal beim Pensionistenverband Wien an einen Samstag tanzen gehen könnten, was wir auch dann taten. Und so gingen wir jeden Samstagabend entweder im 2.Bezirk oder im 20.Bezirk tanzen, bis dann die Pandemie im Jahr 2020 kam und es natürlich keine Veranstaltungen mehr gab. Ich war zwar zu dieser Zeit noch kein Pensionist, aber was solls, es hat mir gefallen, auch wenn ich nicht der Profitänzer bin (hoffnungsloser Fall).

Familie

Gut ja, die hatte ich wahrscheinlich etwa 10 bis 11 Jahre, aber als ich dann ins Internat kam, dürfte das Verhältnis sich eingetrübt haben, denn dort musste, ob ich nun wollte oder nicht, meine Entscheidungen zu 90 %

allein treffen. Dabei ist mir so gut wie gar nicht keiner beigestanden mit einem Rat. Ob ich diesen dann auch angenommen hätte oder nicht ist auch fraglich. In meiner Kindheit hatte ich am Wochenende ein gutes Verhältnis zu meinen 3 Cousinen, die etwas jünger sind, als ich, zu der Vierten hatte ich nur zweimal Kontakt, auf ihren eigenen Wunsch hin. Das heißt, die 3 Mädchen im 11.Bezirk sah ich fast jedes Wochenende. Was meinen Bruder betrifft waren wir etwa 16 Jahre ein Herz und eine Seele. Dies änderte sich mit dem Zeitpunkt, als er meinte, er müsse jetzt unbedingt eine Frau haben. Als er dann etwa 30 bis 35 Jahre war, forderte er von seinen Eltern in meinem Beisein in Niederösterreich seine Erbschaft in bar. Der Hintergrund war der, dass er inzwischen verheiratet war und zwei Töchter hatte und meinte, er müsse sich hier und jetzt eine Existenz in Deutschland aufbauen. Da dieses Ansinnen mit körperlicher Kraft ausgesprochen wurde, „verabschiedete" er sich für gut 20 Jahre. Wir hatten somit keinerlei Kontakt zu ihm bis kurz vor dem Tode unseres Vaters. Auch heute pflege ich keinen Kontakt mehr zu ihm und ich weiß weder von ihm noch er von mir, wo wir wohnen. Was meinen Sohn betrifft, der inzwischen schon 20 Jahre ist, sei gesagt, dass ich ihm im Jahr 2012 nicht sagen konnte, dass ich in Haft sei, sondern im Ausland arbeiten müsse, er war damals 11 Jahre. Darauf hatten wir uns meine Partnerin und ich geeinigt Zu ihm hatte ich zumindest bis zu dem Zeitpunkt meines Zwangsaufenthalts im 11.Bezirk ein gutes Verhältnis, auch wenn es nur am Wochenende war. Da er aber meines Erachtens von einer lieben Verwandten meiner Expartnerin aufgeklärt wurde, wo ich 2012 wirklich war, habe ich trotz mehrmaliger Versuche seit April 2018, keinen Kontakt, gesehen habe ich ihn zum letzten Mal am 15.Juli 2017. Das Verhältnis zu meiner Mutter war eigentlich auch nur meine ersten Lebensjahre ein Gutes, da aber wir sehr unterschiedliche Charaktere waren, hat sich das spätestens mit dem Internat geändert, was aber nichts daran änderte, dass ich in ihren letzten Lebensjahren ihr zur Seite stand. Was mich aber sehr getroffen hatte und das beschäftigt mich heute noch, dass ich mit meinem Vater nie reden konnte und er wahrscheinlich auch nicht mit mir.

Freunde

Ich hatte im Laufe der Jahre sicherlich mehrere Freunde, die ich versuche hier einzuordnen, obwohl mir das eigentlich nicht zusteht, aber wie gesagt, so sehe ich das. Zu meinen besten Freunden zählten sicher, die aus Niederösterreich, die ich schon mit 12 Jahren kennen lernte. Da sie sich aber auf das ganze Bundesland Niederösterreich aufteilten, war nach circa 15 bis 20 Jahren Schluss mit der Freundschaft. Was den Wiener Freund betraf, weiß ich bis heute nicht, warum er mich nie daran hinderte in die Spielsucht abzurutschen. Möchte ihn aber zu Gute halten, dass er dazu nicht fähig gewesen wäre. 2005 oder 2006 hatte ich im Geschäft Probleme mit meinem Stand-PC und suchte daher, da wie üblich das Geld knapp war, nach einer Computerreparatur, die ich auch im 20.Bezirk fand. Dort kam ich in ein Kellerlokal zwei Gassen weiter. Als ich die Person, namens Kamal sah, stellte ich fest, dass es ein Araber sein müsse und sprach ihn auch so an, da ich ja zuvor schon jahrelang mit diesen Personen zu tun hatte. Er erwiderte meine arabischen Worte und sagte auch, dass er in Alexandria geboren sei, aber inzwischen österreichischer Staatsbürger wäre. Ein oder zwei Jahre später übersiedelte er zwei Straßen weiter in ein ebenerdiges Lokal, wo ich dann einige Zeit später von ihm angestellt wurde, er ist zuständig für Hardware und ich für Software. Er war der, der mir Obdach im Jahr im Keller anbot, als ich keines mehr hatte. Etwa ein Jahr später kam ein etwas älterer Herr, er war, wie sich dann herausstellte um 20 Jahre älter als ich, in unser Geschäft im 20.Bezirk. Er sagte er hätte Probleme mit seiner eigenen Website, da die Software adaptiert wurde, kenne er sich nicht mehr aus und er wolle doch einiges hinzufügen. Ich möge mir das an Ort und Stelle mal ansehen, was ich auch tat. Dort fand ich eine ziemlich große Website, die er selbst schon jahrelang bearbeitet hatte, vor, und ich las mich in dieses System ein. Schluss endlich konnte ich die Konversationsprobleme, die er mit dem neuen System hatte, beheben. Aus beiden Begegnungen entwickelte sich daraus eine

Freundschaft, die bis zum heutigen andauert und die ich auch nicht missen möchte. Ja aus den Gruppen 60+ Treff und 50+ Treff wurden auch Verbindungen geknüpft, aber die sind mit der Pandemie wieder im Sande verlaufen.

Partnerschaften

Die erste Partnerschaft mit meiner Arbeitskollegin im Forschungszentrum hatte mich etwas enttäuscht, da ich etwas brüskiert war, dass sie mich mit einem Kind genötigt hätte, unter das gleiche Dach, wie ihre Eltern zu ziehen, wobei mich ihr Vater sehr wohl akzeptierte, aber seine Frau, die alles wissen musste mich etwas nervte. Was meine zweite Frau in meinem Leben angeht, war sie wohl unbestritten die Frau meines Lebens, ansonsten hätte die Partnerschaft nicht über 20 Jahre angedauert. Dass das in Brüche gegangen ist, trotz des damaligen 8-jährigen Sohnes, ist wohl zu 95% meine Schuld. Ich hatte nur im nach hinein festgestellt, dass wir nie über uns und unsere Probleme sprachen und dann wie wir es nach der Trennung taten, war alles zu spät. Vielleicht hätte das etwas geändert, wenn wir uns früher ausgesprochen hätten. Ich weiß es nicht. Da der Gruppe 50+ Treff schon am Anfang meiner Tätigkeit für diese Gruppe nachgesagt wurde, dass es eine Art Partnerportal sei, kam es, wie es kommen musste. Es war ein Freitag vor Pfingsten im Jahr 2017, also 8 Jahre nachdem sich Britta aus Niederösterreich von mir getrennt hatte. Wir hatten dort ein Treffen wieder einmal in einem Lokal und dessen Schanigarten. Ich ging wie schon gewohnt mit meinem Freund Roman dort hin. Da kam Pamela, ein Mitglied der Gruppe 50+ Treff und ein Jahr jünger als ich und setzte sich zwischen Roman und mir. Im Laufe des Abends entwickelte sich ein einmaliges Gespräch zwischen mir und Pamela und wir redeten und lachten ziemlich viel, sodass ich die anderen Teilnehmer gar nicht mehr so sehr registrierte. Im Zuge dessen bemerkte ich, dass sie bei jedem Mal, wenn wir etwas zum Lachen hatten, mich mit einem Schlag auf den Oberarm oder Oberschenkel betatschte. Gut hatte ich registriert, aber was nun, denn diesbezüglich war ich ja nicht der Tapferste. Ich nahm aber allen Mut zusammen und fragte sie, ob wir uns am Pfingstsamstag nicht irgendwo treffen können, um spazieren zu gehen, was wir auch dann am nächsten Tag machten. Ich bin aus allen Wolken gefallen und ging somit am Pfingstsonntag in den Gemeinschaftstag meiner Gemeinschaft. Da es aber bei solchen Tagen immer Usus war, nach einer kurzen Andacht, über Weg und seinen eigenen Erfahrungen mit diesem zu sprechen, und dass vor etwa 20 Personen, natürlich freiwillig, so begann ich nach einer Weile. Wie gesagt ich war schon 57 Jahre alt und hatte noch mit Pamela vorm Eintritt in das Gebäude telefoniert. So erzählte ich, dass ich an einer unheilbaren Krankheit litt, die einen Jeden treffen könne und weitere blumige Aussagen meinerseits. Ich sah in die Runde und außer verstörte Gesichter konnte ich eigentlich nichts erkennen. Was hatte ich da gesprochen? Na gut, da kamen natürlich die Fragen und Feststellungen, wie etwa: du redest ja, wie ein 16-jähriger und eine der Anwesenden, eine 22-jährige Studentin, fragte mich: Edi bist du verliebt, was ich natürlich nicht verneinen konnte. Ein Monat später, am 15.7.2017, ich bildete mir ein, Pamela und ich wären somit ein Paar, fuhr ich zum letzten Mal zu meinem Sohn nach Niederösterreich, was ich zu diesem Zeitpunkt noch nicht wusste. Da er ziemlich bald erkannt hatte, dass ich überdreht war, gestand ich ihm, dass es eine neue Frau in meinem Leben gäbe und zeigte ihm auch ein Bild von ihr, was ich im nach hinein bereute. Pamela war zu dieser Zeit schon auf Kur in der Steiermark. Als sie zurückkam, musste ich feststellen, dass ein anderes Mitglied der Gruppe 50+ Treff ihr in diesem Kurort nachgefahren ist und mir Pamela ausgespannt hatte. Da dieser Mann aber auch nicht unbedingt umgänglich war, hielt diese Partnerschaft zwischen Georg und Pamela nur temporär. Gut es kamen weiter Treffen und im August 2018 fand ein Treffen bei einem Heurigen im 19.Bezirk statt. Einige Personen in dieser Gruppe als auch ich hatten eine Gruppe in Whatsapp gegründet und schickten uns kreuz und quer Fotos hin und her. Also an diesem Freitag, kam eine neue Frau in die Gruppe, namens Anna, eine gebürtige Polin und fesch anzusehen. Sie konnte unheimlich herzhaft lachen, was mir sehr imponierte. Sie trat auch unserer

Gruppe in Whatsapp bei und daraufhin kamen immer wieder von ihr lustige Beiträge, was dieser Gruppe Aufschwung brachte. Eines Tages im September 2017 postete sie, dass die Trauben im 22.Bezirk reif wären, und ob nicht jemand aus dieser Gruppe ihr bei der Weinlese helfen könne. Sie hatte dafür einen Tag am nächsten Wochenende vorgesehen. Die Reaktion darauf war gleich null. Somit dachte ich mir, warum nicht, gehst halt Trauben lesen und vereinbarte einen Termin im 22.Bezirk. Vorgefunden hatte ich wirklich eine Menge an Trauben, die wir tagsüber auch pflückten und am Abend dann zu Sirup und Saft verarbeiteten. Da mir aber an einem Samstagabend nichts „davonlief", verging die Zeit und wir wurden an diesem Tag noch ein Paar. Mitte Oktober meinte sie nach einem Monat Partnerschaft, dass sie sich wohler fühle, wenn sie allein bliebe, was ich auch akzeptieren musste. Gut oder nicht, ist auch das in Brüche gegangen, aber es kamen ja immer wieder Treffen in der Gruppe und so auch im November 2017 im 3.Bezirk. Dort waren wir etwa 20 Personen, wo wir etwas Platzprobleme hatten in diesem Lokal.

Als das Ganze um etwa 09:00 Uhr zu Ende war, gingen wir, Roman und ich, auf die Straße wo zwei Frauen, namens Tine und Julia standen. Da fragte auf einmal Tine: Und was machen wir jetzt? Ich war etwas perplex, da ich eine solche Frage nicht von einer Frau erwartet hatte. Gut, so gingen wir halt in ein nahes liegendes Café und hielten uns dann dort etwa eine Stunde auf. Da wurde von Tine festgestellt, dass ich mich mit Computern beschäftigt und sie erzählte, ob ich nicht das Problem mit ihrem Computer damit bei ihr zu Hause beheben könne, was auch nach Angabe ihrer Adresse im 14.Bezirk annahm. Die Frau war etwa zwei Jahre älter als ich und nicht unbedingt schlank. Aus dieser Reparatur des Computers bzw. aus diesem Besuch wurde dann auch mehr, obwohl sie mir vom Aussehen nicht unbedingt zusagte. Die meiste Zeit verbrachte ich mit ihr und bei ihr. Sie hatte eine neue Wohnung, fühlte sich aber anscheinend dort nicht unbedingt wohl, soweit ich das beurteilen konnte, denn sie musste immer wieder außer Haus etwa um etwas einzukaufen oder um auch nur irgendwo hinzufahren, sie war eine leidenschaftliche Autofahrerin. In dieser Zeit überhäufte sie mich mit Kleidung und anderen Dingen, hatte auch jedes Mal im Lokal bezahlt. Als ich sie darauf ansprach, dass ich das nicht will, denn ich hätte in Zwischenzeit in meinen Kästen genug an Kleidung, war sie etwas eingeschnappt. So fuhr sie dann eines Wochenendes zu ihrer Schwester ins tiefste Burgenland und rief auf der Fahrt dorthin vom Auto aus an. Für mich war dann das, was das Fass zum Überlaufen brachte. Sie hatte alles entschieden ohne Rücksprache mit mir und meinte, dass sie sich mit Überhäufen von Geschenken meine Liebe erkaufen könne. Somit war auch diese Episode vorbei. Im Sommer 2018 gingen Roman und ich im 1.Bezirk, beide Single, tanzen, wir kannten die Veranstaltung schon länger und vor allem die beiden Veranstalter. Als wir dann dort ankamen, war so gut wie kein Platz mehr frei, somit mussten wir uns beide zu einem Tisch setzen, wo auch schon zwei Frauen saßen. Die Eine hieß Graziella (teilweise italienische Eltern) und den Namen der Zweiten weiß ich leider nicht mehr. Nachdem wir nun am gleichen Tisch saßen, musste ich die Damen auch zum Tanzen auffordern und somit saßen Graziella und ich bald neben einander und sie erzählte mir, dass sie Schwierigkeiten hätte mit ihrem PC. Gut das Argument kannte ich inzwischen und Graziella war um einiges älter als ich, bestätigte aber trotzdem, dass ich mir das bei ihr zu Hause im 16.Bezirk ansehen würde. Auch da war es das gleiche Ergebnis, wie bei Tine, wir kamen zusammen. Sie hatte im 17.Bezirk einen Dauerpachtgrund mit einem kleinen Hause in der entsprechend großen Garten, wo man sich nicht leicht bewegen konnte vor einer Unmengen Pflanzen und Bäumen. Zusätzlich hatte sie Weinreben über der Dachterrasse, wo wir auch die Trauben ernteten und danach verarbeiteten, wieder ein Aha-Erlebnis. Da es nicht nur im Garten kaum möglich sich zu bewegen, so traf das auch für die Innenräume des Hauses zu und auch Schluss endlich in ihrer Wohnung. Die Partnerschaft war somit Zeit begrenzt. Ich selbst bin nicht unbedingt ein Putz Narr, aber bewegen möchte ich mich schon können in einem Raum, beengt wurde ich ohnehin genug im Jahr 2012. Anfang

November 2018 verließ ich dann eines Samstagmorgens nach dem Frühstück fluchtartig diese Verbindung. Ich fiel zu diesem Zeitpunkt in ein tiefes Loch, da ich mich fragen musste, was ich falsch mache. 4 Frauen und mit Allen hat es nicht geklappt, war es meine Vergangenheit, war es mein „Reichtum"? Nun gut, es kam wieder eine Tanzveranstaltung Ende November ein Samstag, der 24.November 2018 Mein Freund Roman redete auf mich ein, doch mit zu gehen zu dieser Tanzerei im 2.Bezirk. Ich hatte aber keine Lust. Schluss endlich hatte er mich dann doch so weit. Wir saßen da an einem Tisch mit etwa 8 Personen. Mir gegenüber sah ich eine blonde Frau, die meines Erachtens in Begleitung eines älteren Herrn war. Sehr viel hatte ich an diesem Abend von 18 bis 21 Uhr nicht getanzt bei Livemusik. Gegen Ende kam die besagte Dame wieder zum Tisch und sagte zu Roman und mir, ob wir da überhaupt nicht tanzen wollen. Ich hatte diese Aussage nur schlecht verstanden und reagierte daher auch nicht. Roman sprang sofort auf und ging mit ihr tanzen. Nun war diese Veranstaltung zu

Ende und wir gingen zur Garderobe. Da stand auf einmal diese besagte Frau, namens Ully neben mir und fragte: Geht ihr auch mit und meinte damit Roman und mich. Nachdem es Samstagabend war und auch noch nicht spät, hatte ich nichts dagegen mit zu gehen und teilte das auch Roman mit. Dieser war auch einverstanden und so landeten etwa 8 Personen nach längerem Suchen in einem Lokal im 1.Bezirk. Dem voran gegangen war, dass sie bevor sie zur Garderobe ging Roman ihre Handynummer zukommen ließ, was ich nur am Rande registrierte. Gut jetzt saßen wir in diesem Lokal Ully neben mir und Roman referierte über Schamanismus und Energetik. Im Laufe des Abends stellte sich heraus, dass Ully nicht in Begleitung des älteren Herrn gekommen war, sondern mit ihrer Freundin Monika. Als ich das registriert hatte, kam ich etwas in Verlegenheit, die die Dame gefiel mir. Jetzt hatte Roman zwar die Nummer von ihr, ich konnte aber unmöglich danach fragen. Somit nahm ich mir eine Visitenkarte des Lokals und schrieb meine Telefonnummer auf die Rückseite. Beim Verlassen des

Lokals drückte ich ihr diese Karte in die Hand, was leider auch Roman mitbekam. Somit war ich in des Teufels Küche und Ully hatte zwei Handynummern von Roman und mir. Am nächsten Tag, den Sonntag, wartete ich, was sich tut. Am Vormittag geschah nichts, aber um 2 Uhr lautete das Handy und Ully war am Apparat. Sie fragte mich, ob wir nicht einmal auf einen Kaffee gehen könnten. Meine Antwort dazu: Sofort und gleich – Sendepause ihrerseits. Ja sie müsse noch etwas regeln und rufe mich in etwa einer Stunde zurück. War aber keine Stunde, sondern nur eine Halbe und wir trafen uns im 20.Bezirk in einem Kaffeehaus. Danach gingen wir ins dort befindliche Kino und weil dem noch nicht genug war, auch noch in eine Lounge im 1.Stock. Ich erzählte ihr, wie ich es ja schon gewöhnt war, alles über mein Vorleben, was ja nicht unbedingt zielführend sein kann. Auf einmal drehte sie sich zu mir und gab mir einen Kuss auf die Wange. Seitdem sind wir ein Paar, auch wenn einige Jahre Altersunterschied sind. Warum? Weil ich glaube, dass sie die Beste von den 4 vorangegangen Frauen ist.

Neokathomenat Ende

Als ich der Gemeinschaft oder dem Weg im Jahr 2011 beigetreten bin, war von Anfang an klar, dass dies etwa 30 Jahre andauern würde, diesen Weg zu beschreiten. Nun musste ich eben im Jahr 2017 an diesem besagten Pfingstwochenende so meine Erfahrungen machen, was die Auslegung von Partnerschaft auf diesen Weg bedeutet und kam daher etwas ins Grübeln. Als sich dann noch im April 2018 meine Schwester Maria aus der Gemeinschaft das Leben nahm, beschloss ich nach 7 Jahren der Zugehörigkeit, den Weg zu beenden und tat das auch im Mai 2018 bei einer Vesper für die Verstorbene. Mein Gedanken diesbezüglich war, dass ich mit einigen Argumenten auf diesem Weg nicht mehr übereinstimmen konnte. Das betraf natürlich die Auslegung von Partnerschaften, als auch wie man den Glauben im Leben verwirklicht. Bin ich jetzt gläubig oder nicht: Diese Frage kann und will ich hier nicht beantworten vor allem kann sich das das einzelne Individuum auch? Ich für meinen Teil versuche nun nach Austritt aus der Gemeinschaft den Glauben zu leben. Ich stehe auch seit dieser Zeit noch immer in Verbindung zu Gott, auch wenn sich das nur in stillen Gebeten mit ihm äußert.

Kunden

Ich hatte im Laufe meines Lebens sicherlich mehrere hundert Kunden, die ich egal, ob In- oder Ausländer immer mit Respekt und Zuvorkommen behandle. Was den Kundenstock in der Zeit als ich Zeitungen und Zeitschriften verkaufte betrifft, hatte ich mehrere negative Erlebnisse. Da es sich immer wieder zu 99 % um Ausländer handelte, musste ich nicht einmal meinem Geld nachschauen, da sich die Personen ins Heimatland abgesetzt hatten und meine Forderungen ignorierten, da ging es schon des Öfteren um fünfstellige Beträge in Schilling. Da sind meine Kunden, die ich im Bereich Computer schon ganz anders, die freuen sich immer, wenn sie mich rufen. Sie wissen nämlich, dass ich früher keine Ruhe gebe, bis das Problem behoben wurde und das kann schon Zeit in Anspruch nehmen. Ein Kunde aber aus der Zeit, wo ich Software erstelle, bleibt mir noch schlecht in Erinnerung. Da handelt es sich zwar um einen Inländer, aber mit einer anderen Abstammung. Seine drei Firmen beinhalten eine Zahnarztpraxis, ein Zahnlabor und einen Zahndepothandel. Im Herbst 2010 kam dann sein Angestellter des Zahndepothandels zu uns in das Geschäft. Hintergrund war, dass das Rechnungsprogramm nicht mehr funktionierte und er fragte, ob ich das beheben könne. Da dieser Mann nicht unbedingt ein kaufmännisches Wissen besaß, musste ich feststellen, dass dieses Programm nicht mehr zu retten sei. Jetzt hatte ich ja mitbekommen, dass das Ganze im Prinzip aus drei Unternehmen mit den unterschiedlichsten Zugängen bestand. Somit erstellten wir im Rahmen unserer Firma im 20.Bezirk ein Anbot über alle drei Firmen mit Finanz- und Lagerbuchhaltung, Offener-Posten-Verwaltung. Kunden- und Lieferantenabrufen-Verwaltung und noch vieles mehr. Dieses legte ich dem Chef vor und er fing an, einzelne Teile aus diesem Anbot zu akzeptieren und andere abzulehnen. Da ich aber immer den Ehrgeiz habe, alles zu 100 % zu erstellen, so war das auch in diesem Fall so, und natürlich auch in Hinblick auf das, dass man sich entschied einen weiteren Teil des unsrigen Angebots anzunehmen. Da aber Software nichts Statisches ist, kam es des Öfteren zu Adaptierung des Programms. Somit ging ich bis zu viermal die Woche in seinen Dentalgroßhandel um diese vorzunehmen, jedes Mal für ein Dankeschön und das über sieben Jahre. Da die dort anwesenden Angestellten nicht unbedingt Kaufleute waren, konnte sie die jährliche Inventur auch nicht vollziehen. Heißt bis zur Inventur 2017 wurde diese mit Beihilfe der dort anwesenden Personen von mir vollzogen. Da ich aber aus meiner kaufmännischen Erfahrung weiß, dass so etwas innerhalb von einem maximal zwei Tagen erledigt sein sollte, hatte ich diesbezüglich meine Schwierigkeiten. Die letzte Inventur wurde auf Etappen innerhalb von zwei Wochen absolviert. Vereinbart wurde im vor hinein, dass die von uns gelegte Rechnung auf dreimal bezahlt würde. Gut der erste Teilbetrag mit einem dreistelligen Betrag in Euro wurde beglichen, der Rest ist bis dato offen. Argument seitens des Auftraggebers, war dass mein Programm nicht funktioniert, was sich aber von Grund auf widerspricht. Denn zum Einem hat die Software über sieben Jahre einwandfrei gearbeitet und zum Anderem verwenden sie dies heute noch und das ebenfalls schon über vier Jahre. Somit sind wir wieder mal auf einen gut 4-stelligen sitzen geblieben. Selbst ein Schreiben von einem Rechtsanwalt mit Androhung einer Mahnklage blieb unbeachtet. Was meine heutigen Kunden, die ich im Rahmen unseres Geschäfts heute betreue, sei gesagt, dass diese voll auf begeistert sind von mir, denn sie wissen, was sie von mir erhalten. Das ist zum Einem nicht nur der prompte Termin, sondern auch die Erkenntnis der Kunden, dass ich vorher nicht aufgebe, bis ich eine Lösung finde. Mag schon sein, dass das mit einem Zeitaufwand verbunden ist, aber es freut auch mich jedes Mal, wenn ich sehe, dass es funktioniert.

Resümee

Sie, als Leser werden jetzt vielleicht meinen, dass das sie hier gelesen haben, sei kein Leben. Ja, mag schon sein, aber wie schon erwähnte, waren das einzig und allein meine Entscheidungen, ob die nun richtig oder falsch waren, kann man immer erst im Nachhinein feststellen. Somit drängt sich die nächste Frage auf, ob ich glücklich bin. Da das aber eine rein subjektive Einschätzung ist, würde dies ein Jeder anders beantworten. Ich bin zufrieden. Warum? Wenn ich an die Zeit meiner Sucht denke, war das nicht wirklich das, das man als Leben bezeichnet und daher bin ich froh, diese Periode überstanden zu haben. Wie ich das damals geschafft hatte, ist bis heute noch nicht klar, aber ich bin froh, diese Zeit überstanden zu haben. Ob ich nun zufrieden bin, so wie ich das in meinem 1.Buch formuliert hatte, bleibt dieses unbeantwortet. Der Grund dafür ist, dass sich mein engster Freund nach gut 10 Jahren von mir auf eigenen Wunsch hin, getrennt hatte, was ich bis zum heutigen Tag nicht verstehe. Was das Leben noch für mich vorbereitet hat, weiß ich nicht, aber es kann eigentlich nichts mehr kommen, was mich erschüttern würde.

© 2021 Eduard Wagner
Herstellung und Verlag: BoD – Books on Demand, Norderstedt
ISBN: 9783755758198